Francotiradores de la Siria Rebelde

I0421814

TÉMORIS GRECKO

Cuadernos Doble Raya

Un sello de Cuadernos. Colectivo de cronistas iberoamericanos

www.cuadernosdobleraya.com

Este libro tiene como complemento un cuaderno de fotografías con las imágenes que Témoris Grecko captó en Alepo. En formato electrónico, está disponible gratuitamente en www.cuadernosdobleraya.com

www.temoris.org facebook.com/temoris Twitter: @temoris

Foto de cubierta: Témoris Grecko

Diseño de cubierta: Cuadernos Doble Raya con base en una idea de Yénika Castillo   yenas.wordpress.com

Esta obra se origina en Cuadernos, un colectivo de periodistas narrativos iberoamericanos dedicado a idear, desarrollar y promover proyectos periodísticos de largo aliento, desde múltiples latitudes, para esta época y entre la gente.

www.cuadernosdobleraya.com

escribenos@cuadernosdobleraya.com

Facebook.com/cuadernosdr Twitter: @cuadernosdr

A Martín, mi hermano. In memoriam
A las niñas de Siria. Ad futuram.

ACLARACIÓN

Construî este libro a partir de textos nuevos y de la reescritura extensa de otros que fueron parte de mi cobertura para las revistas Proceso y Esquire, los diarios La Nación (Buenos Aires) y El Periódico de Catalunya (Barcelona), y el semanario Domingo, de El Universal (México). Salvo una reflexión de noviembre de 2011, que me pareció necesario incluir para comprender el papel de la secta alauî, a la que pertenece el presidente Assad, el orden es cronológico, narrado en tiempo presente, a partir de mi entrada en Siria, el 13 de enero del 2013, y hasta el capîtulo final, redactado en Madrid, cuatro meses después

INDICE

Un misil de bienvenida   1

¡Zzzzing!   10

Camaradas en armas   18

El pantheon de Hafiz   31

Ahora estás, ahora no estás   38

Las pérdidas se acumulan   46

Cuarto de luces   59

Niñas de Siria, Niñas de Bosnia   66

A sangre fría   69

Incógnitas de un secuestro   79

Resistir   109

Participantes solidarios del Proyecto Canás   126

El autor   128

Cuadernos. Colectivo de cronistas iberoamericanos   129

Extra: Batalla en Teherán (fragmento de "La Ola verde")   130

Extra: Johannesburgo: El clandestino del Wimpy's (fragmento de "Asante, África")   147

UN MISIL DE BIENVENIDA

Medio minuto pasa entre las dos poderosas explosiones, el sonido de algo inmenso que se quiebra en la lejanía con un enorme eco. Las escucho a mitad de los 1,500 metros, más o menos, que debo andar en tierra de nadie, antes del puesto fronterizo de Siria. Es como una señal de advertencia. Podría dar vuelta, retornar hacia la seguridad. Con mis dos pesadas mochilas, que contienen todo lo que poseo, escojo seguir caminando hacia la guerra.

¿Cuántas imágenes son necesarias para vislumbrar la insensatez que prevalece en un conflicto armado? En mi ruta hacia aquí, he cargado varias, leídas en diarios, vistas en pantallas o narradas por testigos directos. Hay una que da una pista elocuente de lo que ocurre allí a donde voy: mientras avanzo, se producen nuevas incursiones de tanques y bombardeos de artillería contra el hospital Ibn Jaldún, en las afueras de Alepo, segunda ciudad más grande del país, a la que me dirijo. Algunos compañeros que conocí en Kilis, el sitio en Turquía del que vengo ahora, acaban de estar ahí. Me hablaron de una institución para personas con padecimientos y deficiencias mentales que, mientras la batalla se desarrolla alrededor, están encerradas en sus pabellones. A excepción de Abu Abdo, un enfermero heroico, el personal ha huido. No hay comida, agua, electricidad. Ni medicamentos para aliviar los desvaríos. Por los techos y las ventanas entran bombas, disparos y metralla. Algunos pacientes, que han logrado escapar, murieron bajo el fuego de francotiradores. ¿Se puede escoger entre la locura interior y la demencia exterior, tender puentes entre ellas, navegarlas en busca de un cierto sentido que nos ofrezca un rincón protector? Ibn Jaldún es la mejor descripción de un manicomio.

Éste es mi segundo intento de entrar en el conflicto sirio, que ahora es mucho más violento: la vez anterior, cuando me regresaron a Líbano, en noviembre de 2011, los grupos de derechos humanos estiraban las cuerdas vocales para llamar la atención del mundo, porque cada mes morían 300 o 400 personas. Ahora son de mil a dos mil cada semana, pero las miradas del globo están en otro lado.

En Kilis, dos hoteluchos se han convertido en cuarteles de periodistas. Casi todos somos independientes, porque los pocos grandes medios internacionales que aún mandan gente al extranjero, tienen menos recursos que en tiempos pasados y prefieren enfocarse en temas más novedosos. Aunque no hay nada qué hacer en el pueblo, hay quienes logran pasárselo bien (si vienes de vivir en la guerra, cualquier cosa te parece fantástica) y se dan tiempo para reír. Cuando se volvió a saber de uno de nuestros colegas, un reportero europeo, por el que todo el mundo se había puesto nervioso porque dejó de comunicarse por un par de días, alguien bromeó con la suposición de que seguramente lo habían encontrado "borracho en alguno de los numerosos cabarets, centros nocturnos y restaurantes de lujo que hay en Kilis".

Y... pues sí. Estaba bebiendo en el único bar.

Se lo reprocharon con razón. Oficialmente, los periodistas tenemos cuatro desaparecidos en Siria. Dos de ellos, muy cercanos a mis compañeros: hoy es 13 de enero de 2013 y de James Foley no se ha sabido nada por 53 días, desde que lo secuestró un grupo de hombres armados el 22 de noviembre; a Austin Tice le ocurrió algo similar hace 153 jornadas, el 14 de agosto. Pero hay varios más, de los que no se puede hablar porque sus familias lo han pedido así, con la esperanza de que eso facilite alguna negociación, si es que la hubiere.

En este último grupo se halla un amigo mío que, como yo ahora, entró a Siria por este mismo paso en octubre de 2012, hace tres meses. Su pista se desvaneció en algún punto del peligroso camino a Damasco.

Hoy encuentro que esta cobertura es diferente a la de otros conflictos. Seguramente, cada uno de nosotros, periodistas, tiene una combinación de razones distinta que explica por qué dejamos nuestros países bellos, las cosas que nos satisfacen y las personas que nos hacen felices, para ir a donde hay violencia. Por lo común, me motivan muchos sentimientos pero ahora hay dos que destacan: el de la emoción de presenciar la historia mientras se hace (la historia impulsada por las personas que luchan con la mejor parte del corazón) y el de cumplir con lo que me parece un deber, que es contribuir a dar a conocer lo que está pasando con la gente, su lucha por vivir, su capacidad de resistencia y de sobreponerse al castigo. Además de otro deber extraño, que sentí durante todo 2012 cuando estuve lejos trabajando en África y Asia Oriental, y paré en México: el de estar al lado de mis compañeros cuando enfrentan riesgos tan grandes (algo especialmente doloroso en los días de la muerte de Marie Colvin y René Ochlik, en Homs, y el casi fatal escape de Javier Espinosa y otros tres colegas, en febrero). Aunque ninguno de ellos vivirá mejor si yo vengo o no vengo, para mí es necesario hacerme presente.

Ahora, es sólo el deber lo que me impulsa. El entusiasmo por presenciar la historia se me ha desvanecido en cierta medida, pues con 22 meses ya, la guerra siria se ha prolongado tanto que el romanticismo se ha escurrido con la sangre, derramada por una multitud de manos sucias que promueven el odio sectario y los intereses perversos.

No sólo ocurre así en el régimen del presidente Bashar al Assad, con sus masacres indiscriminadas. También entre la oposición, para desmayo de quienes quisieran encontrar un movimiento opositor con organización, disciplina y estrategia razonables. La represión brutal durante los primeros meses de manifestaciones pacíficas condujo a la aparición de rebeldes armados, unos para proteger a los suyos de la violencia del régimen y otros que aprovecharon el caos para promover sus propios objetivos, criminales, religiosos o políticos.

Hace varios días, por correo electrónico, contacté a un grupo de jóvenes informadores sirios con el que establecí un acuerdo para dormir en sus oficinas y seguir a sus reporteros. Me subo al coche de dos de sus miembros que me esperaban frente al puesto fronterizo, controlado por guerrilleros rebeldes. Cruzamos el pueblo de Al Bab y al pasar por el siguiente, Azaz, se desvían de la avenida principal, hallan un punto para estacionarnos y me piden esperar en el coche. Tienen que comprar alimentos para sus compañeros.

Estoy en el asiento trasero, observando las calles polvorientas, cuando escucho el ruido de un avión. Es extraño: hace muchos meses que Azaz fue liberado por *al Jeish al Surya al Hor*, el Ejército Sirio Libre (ESL), y la línea del frente se ha alejado hacia el sur, donde se pelea por el control de sitios de valor estratégico. No tiene sentido militar, me digo, que las naves de Assad vuelen por acá. Aunque tampoco podía ser un aparato civil que se esté aventurando por la zona de conflicto. ¿O estoy oyendo mal?

¡Brom! El estruendo, que viene de algún lugar muy cercano, rompe las ventanas de los comercios y me sacude. Es abrumador. Encerrado en el vehículo, siento la onda expansiva que me envuelve como un sólido golpe de aire sin aire. Algunas personas caen en la calle. Muchos corren, empujándose, dando gritos, "*¡Alaju ákbar, Alaju ákbar!*" (dios es más grande, dios es más grande), buscando un lugar para esconderse porque, con frecuencia, después del primer misil vienen algunos más. Pero, ¿qué sitio podría ser seguro?

Cuando se espera un bombardeo, nunca sé qué hacer, porque no hay manera de adivinar dónde golpeará. Me pregunto si estar dentro de un coche será más seguro o lo contrario, si me impedirá percibir, reaccionar, hacer lo que sea que pudiere hacer... Así me ocurre, no he cumplido el propósito, que me he planteado ya varias veces, de estudiar procedimientos de reacción para estas situaciones, y como no llego a conclusiones razonables, pienso que tengo que ver lo que pasa. Salto fuera, cruzo la calle y me sumo a un pequeño grupo de hombres que señalan algo en el cielo. Una inmensa columna de humo negro se alza apenas a unos 100 metros de nosotros.

En otras poblaciones del mundo que se conocen como peligrosas, hay gente que prefiere resguardarse en sus tiendas, oficinas, hogares, exponiéndose lo menos posible. En Azaz, la muerte que viene del cielo hace pedazos el zoco, el mercado lleno de gente en el centro de la urbe, arrasando edificios residenciales y comerciales. La población corre a remover escombros, sacar heridos, recoger los fragmentos de lo que fueron personas. El primer balance de víctimas arroja 20 muertos y 99 heridos. El régimen afrentado castiga a los insumisos.

"¡*Yala, yala* (vamos, vamos), sube al coche!", me gritan. Al conductor le cuesta trabajo acomodar el fusil automático, mover el volante y apretar el acelerador al mismo tiempo, "*Alaju ákbar*", musita tratando de tranquilizarse y hacer las cosas bien. Creen que regresará el avión y quieren salir de ahí de inmediato. Porque el desvío para hacer la compra nos salvó la vida: "Nuestra ruta pasaba justo por donde golpeó el misil. ¡*Alhamdulillah*! (gracias a dios), dios nos quiso vivos".

Me siento culpable porque yo debería convencerlos de ir a ver qué fue lo que pasó, para documentarlo. Y escribir sobre ello. Estoy seguro de que no lo podría conseguir, tienen tanto miedo que están tartamudeando en árabe y en inglés. Pero al menos tengo que intentarlo. No lo hago. El vehículo avanza por calles desquiciadas por un caos de gente que huye, como nosotros, o que quiere prestar auxilio y, como yo tendría que hacer, se abre paso a codazos entre la multitud para ir al sitio de la explosión. No consigo forzarme a abrir la boca y pedir que regresemos. Así comprendo que también estoy abrumado por la sorpresa, o el temor… seguramente ambos.

Salimos de Azaz. No podemos tomar la carretera directa hacia Alepo porque hay zonas controladas por las fuerzas de Assad. Tenemos que hacer un desvío para entrar por el este de la ciudad. El campo parece normal, sin muchas señales de violencia, salvo algunos edificios destruidos aquí y allá. Nos detenemos en un sitio donde lavan coches con agua a presión. Quieren eliminar las cenizas con las que nos bañó la fuerza aérea. Los chicos bromean. ¿Qué hicieron con las muecas de terror? ¿Tan fácilmente se han relajado? Les cuesta entender mis preguntas. "Es lo normal", responde uno, "nos ha pasado muchas veces, como a todo el mundo. Ya te acostumbrarás".

Sesenta minutos más tarde, llegamos a lugar seguro, uno de los sitios en los que pasaré las noches, en una zona suburbana de Alepo lejos de las áreas en disputa. La temperatura es un poco mejor que la de Kilis, donde los coches patinan en la nieve. Es pleno invierno. Pero hay poca electricidad y, en el salón desde el que escribo ahora, está gélido. Una estufa de leña, que no consigue atenuar el frío, amenaza con darnos durante la noche la muerte dulce que ya nadie alcanza aquí.

Estoy con la gente de Halab News, una de las improvisadas agencias de noticias formadas por jóvenes estudiantes y recién egresados para documentar e informar de lo que ocurre en la guerra. Me parecen amables y alegres, como dicen que eran antes, sólo que ahora tienen que llevar armas. Las familias de algunos de ellos viven en zona rebelde y otras en áreas controladas por el gobierno, por lo que tendrán problemas graves si se descubre lo que hacen sus hijos. En este momento, en la oscuridad, los escucho hacer la última oración del día. *"La illaha illallah"* (no hay varios dioses, sólo hay un dios). No los perturban las temibles explosiones que se escuchan en la distancia y cuyo rumor, a un ritmo de dos o tres por minuto, entra por el enorme ventanal que da hacia tierras vacías. Tampoco los molesta la fábrica de telas que alumbra a unos 1500 metros, incendiada tras un bombardeo hace una semana. En este ambiente espectral dormiremos.

No son combatientes. Tampoco son periodistas profesionales, lo suyo es la ingeniería, la arquitectura, la informática, porque en la Universidad de Alepo no hay carrera de comunicación. Su manera de contribuir con el país es actuando como reporteros ciudadanos, levantando imágenes e información de los combates y de lo que ocurre con su gente. Para que el mundo deje de ignorar lo que ocurre aquí, para que se conozca la suerte de tantas mujeres y tantos hombres de bondad que no merecen lo que les está ocurriendo, para que no sufran y mueran en el anonimato.

Sí. Me siento próximo a ellos. Somos los mismos. Su sentido del deber es el mío. Son como latidos de romanticismo que ahora llegan hasta mí. Puede que, a final de cuentas, la emoción de estar presenciando la historia me vuelva a llenar. Pero es el primer día y los horrores bailan en llamas allá afuera. Ya veremos.

¡ZZZZING!

En sus cuarenta tardíos, el afable guerrillero nos muestra a su amigo de ocasión, al que rescató del fuego de francotiradores de la avenida Bab al Nasr del casco viejo: "Dicen que los gatos tienen nueve vidas pero no quise esperar a ver si es cierto". Entre las manos del hombre, duras de la suciedad de días disparando el fusil, un hermoso cachorro ronronea. Es un sobreviviente. Un gato zing zing.

Alepo es una ciudad donde, con siete mil años de historia, la noción de antiguo cobra sentido. Desde hace seis meses, cuando en julio de 2012 entró el Ejército Sirio Libre, quedó partida en dos: en trazos gruesos, el norte y el oeste están en manos del régimen y el sur y el este, en las de la oposición. El centro está ocupado por la meseta ovoidal de la Ciudadela, un majestuoso conjunto arquitectónico fortificado por sólidas murallas, que forma parte del Patrimonio Mundial de la UNESCO.

El ejército lo ha convertido en guarnición militar. Es como un puño que penetra en las áreas controladas por los rebeldes. "Podríamos tomarlo, pero no queremos hacerlo", asegura Fawaz al Absi, el comandante de un punto de control del ESL. Un ligero ademán, más bien vago, es elocuente al señalar lo que nos rodea: el extenso zoco (mercado) con palacios, mausoleos y fuentes que también forman parte de la herencia de la humanidad, ha sido el campo de tiro de la artillería y los aviones del ejército. El gobierno de Bashar al Assad no ha mostrado que la idea de destruir valiosos monumentos históricos de alguna forma lo disuada.

La gran mezquita omeya, construida en el año 1090 (donde hace cuatro años, en mi primera visita a Alepo, pasé lo que ahora me parecen momentos irreales fotografiando niños alegres), también fue utilizada como cuartel del ejército y tras los combates, ahora está en ruinas. Los antecedentes de la Ciudadela se remontan a hace 5 mil años, pero en su forma actual es más joven, apenas del año 1200. El castillo es uno de los más grandes y viejos del mundo. "Podemos echarlos de ahí, pero será imposible evitar dañarlo. Y después, los aviones de Assad lo harán pedazos".

De manera que hay que acostumbrarse a vivir así. En las torres y las murallas medievales, que por su altura dominan el barrio del casco viejo, se encuentran apostados hombres diestros en el uso de rifles de mira telescópica. "¡Canás, canás!", me advierten a gritos cada vez que me acerco a una esquina, una calle o un punto donde se sabe que quedaré expuesto a un francotirador. Cuando se sabe. A veces, la muerte te alcanza de un solo ziiing en un sitio inesperado, descubierto por un canás ingenioso. "Te puede dar a 2000 metros de distancia", me asegura Remi, un estudiante de ingeniería de 23 años. Sí, a dos mil metros. Su misión vital es arrancar la vida de todo lo vivo. Para eso han sido entrenados. Y tales son las órdenes que reciben.

La vida persiste, ¡por supuesto!, es perra en su afán de vivir. En la parte más próxima al castillo, se ha tenido que limitar: los residentes y comerciantes se han marchado –de la intensa actividad del zoco, como lo conocí en 2009, no hay un rastro— y ahora sólo quedan combatientes del ESL y escasos civiles, como los jóvenes reporteros ciudadanos con los que me muevo y yo. Y un anciano de más de 80 años que deambula, solitario, por los callejones en ruinas del zoco. En la helada mañana, se acerca a buscar el calor de la vieja chimenea de la *katiba* (pelotón) guerrillera. Un combatiente se levanta para ofrecerle una silla. El hombre cuenta que toda su familia ha muerto en la guerra, desde bisnietos hasta hermanos, y que él es el último de su linaje. Sólo vive para esperar la victoria o la bala que lo matará.

Todos tenemos que desplazarnos con plena conciencia de dónde podemos ser vistos desde la Ciudadela o las ventanas de algún edificio en poder del ejército. Hay que pegarse siempre a las paredes, a la izquierda o a la derecha, y no cruzar una intersección sin verificar si está expuesta. Es imprescindible tener una precaución extrema al subir a azoteas o a puntos altos que puedan tener ventanas u hoyos por los que entren las balas. El joven fotógrafo de Halab News y yo tratamos de utilizar los visores electrónicos de nuestras cámaras para captar imágenes con menor riesgo y tratar de descubrir a algún *canás* en su escondite. No lo conseguimos, se han mimetizado como camaleones y antes de que logremos ubicarlos con los telefotos, llegan uno o dos tiros que amenazan con destruirnos las lentes.

Uno de los puntos calientes del casco viejo es la avenida Bab al Nasr. Un grupo de hombres, de entre 17 y 22 años, mantiene ahí un puesto avanzado desde el que se lanzan y en el que se reciben frecuentes ataques. Si el ejército gubernamental hiciera un esfuerzo serio por recuperar la zona, con tanques y tropas suficientes, éste sería el primer sitio a conquistar y sus defensores casi seguramente serían arrasados, pues no son más de una decena y el ESL se vería obligado a hacerse fuerte varias calles más atrás. Es un punto bajo, parcialmente vulnerable ante los disparos de los *canasín* (forma plural de *canás*). Los rebeldes responden con arriesgadas salidas a descubierto para devolver el fuego, un poco a ciegas porque no tienen tiempo de apuntar y ni siquiera saben con exactitud dónde está el contrario. Les quedan, además, pocas municiones.

Para ellos, esto es un grave problema. Para mí, en cambio, hay un aspecto en el que me resulta un alivio. En Libia, donde lo primero que hicieron los revolucionarios fue saquear los cientos de arsenales de armas ligeras que Muamar Gadafi había sembrado por todo el país, con el objeto de montar una resistencia civil a una invasión extranjera en el menor tiempo posible, chicos de 16 años y hombres de 55, que un día llevaban una vida normal, se encontraron de pronto empoderados con fusiles de asalto y cientos de proyectiles, que no les había costado nada obtener. La consecuencia fue un interminable y enervante tiroteo al aire de 24 horas diarias, además de la vergonzosa situación, en los primeros días de la guerra (antes de que el ejército iniciara el contrataque), de que muchas personas —la mayoría— que llegaban a los hospitales habían sido heridas por compañeros o se habían lastimado a sí mismas, porque no sabían manejar los fusiles y las ametralladoras antiaéreas, y por su comportamiento infantil. En Siria, muchos guerrilleros arriesgan la vida durante meses antes de recibir o poder capturar una pistola o un rifle. Y les dan cinco balas.

En contraste, los soldados del régimen tienen un flujo constante de armamento y provisiones. O al menos de eso presumen en los momentos de calma en los frentes de combate, cuando hombres de ambos lados intercambian insultos e invitaciones a desertar. Es más animado allí, donde se está con los compañeros, que donde se esconde solitario el francotirador, acosado por el aburrimiento. En principio, debería haber bastante trabajo: por las calles que yacen bajo su mira telescópica, hay muchas vidas que debe segar. Ellas saben de él, sin embargo, y no se dejan ver. Esto lo obliga a pasar las horas del día y de la noche en posiciones muy incómodas, con los músculos tensos para reaccionar con velocidad y disparar con precisión sobre lo que se mueva, con un ojo cerrado y el otro muy abierto para poder distinguirlo, con la atención erizada para evitar ser víctima de un rival. Son como fotógrafos de naturaleza que hacen lo posible por no espantar a su sujeto. Pero el *canás* no captura imágenes: las destruye.

Por eso, dicen los insurgentes, los francotiradores se entretienen matando perros, gatos y hasta ratas: para batallar con el tedio, distraer el bostezo, despertar la modorra. Y también, añaden, para recordarles a todos que están ahí: su objetivo no es sólo acabar con los combatientes rebeldes, también es cortar con candente filo la cotidianidad urbana, asesinar ancianas y niños para hacer imposible que la población civil pueda recuperar la normalidad en lo que los revolucionarios llaman Siria Libre, la que ellos controlan: los habitantes tienen que pagar un precio tan alto que los haga extrañar la calma — empobrecida y represiva, pero calma— de los tiempos anteriores a la insurrección.

En el borde del barrio de Saif al Dawla, un poco al sur y al este de la Ciudadela, hay una zona que se disputan las fuerzas del gobierno y sus rivales, a la que nadie puede acercarse. Los restos de una niña siguen ahí, apenas reconocibles, ennegrecidos. Hay periodistas que dicen haber visto el cadáver en agosto, hace cinco meses. La mató un *canás* del régimen.

¿Qué hay adentro del hombre que hizo eso? ¿Qué clase de entidad incorpórea se encuentra bajo las costillas y dentro del cráneo de estas personas? No es posible saberlo sin atravesar las líneas mortales del frente: ésta es una guerra que sólo se cubre desde uno de los lados. Hubo unos pocos periodistas que, a diferencia de mí, primero lograron ser admitidos en la zona gubernamental y, después de trabajar ahí, dieron una enorme vuelta (salir de Siria a Líbano o a Jordania, volar a Estambul, recorrer toda Turquía hasta Kilis) para llegar a territorio rebelde. No he escuchado de alguien que haya tratado de hacerlo en el orden inverso con éxito: si estuviste en zona opositora, el gobierno considera que has entrado ilegalmente y te rechaza. En los consulados, a sus funcionarios no les resulta difícil descubrirte: tus notas o fotos aparecen en Google.

Aunque no puedo ir a conocer a los francotiradores del gobierno, a los *canasín* se los combate con *canasín* y de este lado, en las filas del

Ejército Sirio Libre, también los hay.

Se supone que son diferentes, por principio. Los del ejército del presidente Bashar al Assad no siempre combaten por convencimiento propio —a veces lo hacen por coacción y amenaza— y sus órdenes son tirar contra inocentes que podrían ser amigos o familiares. Los del ESL, en contraste, se han alzado en defensa de las víctimas y su cometido —es lo que aseguran— es matar soldados, nunca civiles.

A estos enemigos los hermanan, trágicamente, la sangre fría del cazador furtivo, la ventaja del que espera oculto y la impunidad del que ataca de lejos.

¿Cómo se hace esto compatible con la pureza de espíritu que imaginamos en el combatiente revolucionario?

Puede haber tantas respuestas como individuos.

Si te vas alejando de la Ciudadela y de la línea de combate, poco a poco, ves cómo empieza a apretarse la densidad de la gente común. Es sorprendente para el que piensa que la guerra podría haberlo ahogado todo: las personas tienen que sobrevivir, continuar con las actividades cotidianas, arreglárselas de alguna forma. Hallar comida, hacer un trabajito, vender un objeto, ofertar los productos agrícolas que se logra traer a la ciudad. Con gran cuidado, claro está. Porque sigue habiendo avenidas y calles por donde puede entrar el tiro.

Bajo el castillo, si permaneces ahí, el *canás* es el centro de tu atención.

El guerrillero salvó a ese gatito cuando deambulaba —más ignorante que torpe— donde a muchos otros de sus congéneres los han partido en un instante. En las avenidas anchas, los residentes han colocado largas piezas de tela, agujereadas de tanto disparo, para bloquear la vista. Para cruzarlas, tenemos que correr cerca de ellas, porque lo único que consiguen es hacerle la vida difícil al francotirador, no detener los plomos. Zzzzzzing, pasan cerca de nosotros. ¡Zzzzzing!

El gato zing zing puede o no tener nueve vidas. Nosotros, sin duda, varias menos. Tal vez sólo una.

En otras calles, no hay cobertura. Sólo agallas. Y para algunos jóvenes, como mis acompañantes, también sentido del humor. Moverse en zigzag, acelerar, frenar, todo con tal de incordiar al asesino, de arrojarle a la cara escupitajos de su propia frustración. Hemos explorado el antiguo edificio donde uno hacía largas filas para sacar pasaportes, ahora hecho pedazos. Salimos, vamos a cruzar la avenida. En mi propia hipótesis, es mejor ir primero, cuando el tipo no te espera. Rompemos el ritmo: somos cinco pero no nos arrojamos uno a uno cada tres segundos exactos, no se trata de hacerle favores al que nos aguarda. Igual, con el último, digo yo, ya se ha preparado. Hemos pasado con pocos sustos. Sólo nos falta Remi. Remi salta, corre y "¡pas!", el tiro pega allí, "¡pas!", pega allá, "¡zzzzing", "¡falló!", grita alguien. ¿Falló?

Con un golpe sonoro, Remi cae al suelo, junto a nosotros. Muerto. De la risa.

CAMARADAS EN ARMAS

Ahmed y Abedi están en el "hogar" de su *katiba*: más que una especie de cuartel minúsculo, el apartamento que han ocupado parece un club de amigos donde los guerrilleros se relajan y bromean. Hay un comandante, eso es claro, pero por su conducta más bien parece el jefe de una palomilla. Otro de ellos, en especial, me incomoda porque tiene la talla y el talante de un hombre peligroso con un Ak-47 en la mano, y la actitud de un adolescente de sonrisa carismática y reacciones impredecibles. Está un poco loco, me grita cosas que parecen invitaciones a morir juntos, con gesto dramático me pone casi en la cara el cañón de su arma para que lo mire bien, y veo que de él cuelga la botita morada de un muñeco perdido, que según él será la suela con la que le dará a Assad la patada que lo mandará al otro mundo.

Me da la impresión de que las prioridades no están del todo claras. Son las 11 de la mañana, y esto apenas se empieza a mover, cuando llega la noticia de que una *katiba* amiga ha decidido atacar una posición enemiga. Así, como una ocurrencia, y como no hay nada mejor qué hacer, los combatientes se levantan entre gritos de *Alaju ákbar*, salen de la habitación, cruzan el patio y encuentran a sus camaradas en una calle tan estrecha que no pasarían vehículos, pero más ancha que un pasillo peatonal. Así, de manera tan casual, asistiré a mi primer combate en la guerra Siria.

No tan rápido. Llega un reportero ciudadano que quiere hacer un video de manifestaciones heroicas. No, no puede hacerse más tarde por alguna razón. Los planes cambian, pues. Caminamos en sentido inverso hasta detenernos antes de llegar a la avenida Akiul, donde hay espacios abiertos y los *canasín* podrán dispararnos.

Los combatientes, algunos de ellos jóvenes guapos que cuando posan parecen modelos caracterizados de rebeldes (para promocionar marcas caras que te convertirán en el temible y sexy Che Guevara de la disco de lujo), se forman mientras el chico prepara la cámara. Habla el comandante, lanzando poderosas proclamas, advirtiéndole a Bashar que irán por él y manifestando su deseo ferviente de convertirse en *shuhada*, en mártires que murieron por Siria y por dios, lo que les dará pase automático al paraíso. "*¡Alaju ákbar, Alaju ákbar!*", corean los guerrilleros.

Parece un divertimento vacuo, una banalidad innecesaria en medio de la guerra. Pero es todo lo contrario. Ésta debe ser la guerra más registrada en video del mundo. Como las bandas musicales, las *katibas* y las grandes brigadas suben clips a YouTube para promocionarse porque así pueden obtener dinero. No existe un financiamiento general para las numerosas facciones de la rebelión.

Todas tienen que resolver sus propias necesidades (no sólo las que combaten: también los activistas que realizan tareas diversas y que a duras penas pueden sostenerse con fondos propios o de origen local; aunque básica, la infraestructura de Halab News es considerable para haber sido montada sólo por estudiantes de un país cuya economía se derrumbó). En sus mejores momentos, difunden sus logros: la toma de cuarteles del ejército y la captura de prisioneros y de material militar. La mayor parte de ellos, sin embargo, son como el que están haciendo ahora, ruidosas manifestaciones de bravura guerrera, de devoción a dios, o de ambos.

Todo esto será visto en los países del Golfo Pérsico, en Turquía, Europa, Estados Unidos, Canadá, Egipto e incluso Irak y Pakistán, por príncipes petroleros, magnates de negocios, jerarcas religiosos, funcionarios occidentales y emires de Al Qaida. Se los mostrarán intermediarios que, por compromiso con la causa o intereses personales, buscarán convencerlos de que los grupos armados con los que tienen contacto reúnen ciertos requisitos (ser relativamente laicos o, por lo contrario, islamistas radicales; exhibir disciplina, mostrar eficacia militar, coraje, etcétera) y persuadirlos de que vale la pena invertir en ellos, con dinero, recursos logísticos o influencia política.

A su vez, a los patrocinadores les será fácil difundir el vínculo de YouTube para mostrarles a sus amigos, familiares, guías espirituales, socios financieros o superiores burocráticos que se está destinando recursos a proyectos que dan o prometen resultados.

Mientras el locuaz de la botita morada fuma, tramando no quiero imaginar qué, un muchacho llega apresurado a decirle algo a Ahmed, cuyo semblante se tuerce ominosamente. A pesar de su atuendo (pantalones de camuflaje, *jafiya* blanco y negro al cuello, rifle de asalto en la mano y banda que dice "No hay otro dios más que Alá" en la frente), hasta este momento no me ha parecido más que un chico de 20 años jugando a las guerritas y pidiéndome que le haga fotos.

Es una de esas noticias horribles de cada día. Uno de los tantos disparos y explosiones que se escuchan continuamente ha acabado con la vida de Salma, una niña de 8 años, a quien él conocía. La pequeña desoyó los llamados de atención de sus padres y corrió por la avenida Akiul, vacía de automóviles a causa de los francotiradores. La única bala la prendió frente a los ojos de los suyos. No hubo más tiros. ¿Se habrá regocijado por su puntería el *canás*?

A Ahmed no le hace falta decir nada. Su amigo Abedi ya está listo, con una ametralladora ligera y un cinturón de gruesos proyectiles descendiendo por su cuerpo, desde la nuca hasta las rodillas.

Se han convertido en guerreros. Sin quererlo: de niño, Ahmed admiraba a los héroes del Islam y de la causa palestina, pero en la adolescencia tardía se enamoró de la ingeniería eléctrica y logró ser admitido en la Universidad de Alepo. Cuando termine la guerra, dice, montará una empresa.

Abedi, de 19 años, no tiene la instrucción de dos años que alcanzó Ahmed, pero sí la experiencia: él se hizo electricista aprendiendo de su padre, que murió despedazado en un bombardeo gubernamental. Ahmed se incorporó a la revolución como resultado de su militancia estudiantil opositora. Abedi lo hizo por furia, simple e inagotable. Así, quienes posiblemente, en tiempos de paz, podrían haberse conocido como empleador y empleado, se encontraron en la misma *katiba* guerrillera como compañeros de armas.

"¡Yala!", truena una voz imperativa. ¡Vamos!

Los combatientes se apresuran por un estrecho corredor, entran en una casa, atraviesan un hueco abierto en la pared a manera de puerta, caen dentro de un edificio, de la misma forma pasan a otra casa y a un segundo edificio. Estos hoyos hechos a pico les permiten moverse sin salir a las calles expuestas a las miras de los fusiles gubernamentales.

Llegan al tercer piso, pasan a un edificio más y por unas escaleras parcialmente derruidas suben otros dos niveles, a un apartamento destrozado. Ahmed ya ha estado ahí. Se dirige a un hueco abierto por un disparo de tanque y que asoma al exterior. Introduce el rifle por ahí. No se ve a nadie desde esta altura: lo que hay allá abajo es una tierra de abominable destrucción, no hay paredes completas, columnas intactas ni techos sin caída.

Con el ojo en la mira, busca lo que cree que es la posición en la que podría estar el asesino de la niña. Es mera especulación, no hay manera de tener seguridad. Pero si un soldado se esconde en uno de los escondites de francotiradores, no lo hace para meditar sobre el bien y el mal.

"Alaju ákbar", musita, como si implorara precisión. Aprieta el

gatillo. Se escuchan varios estallidos. Se extiende el olor a pólvora. ¿Pasó algo? No puedo leer nada en su rostro. Su compañero tampoco hace gestos. Sigue buscando.

¡Bam, bam, bam! Los proyectiles golpean a dos metros de Ahmed: marcan la pared de lo que debía ser el baño, agujeran el tanque del calentador de agua y destrozan el inodoro. Abedi me da un empujón para hacerme caer al piso. Quedo con manos y rodillas apoyados en una mezcla de yeso, tela y plásticos, a la que ahora se añaden los fragmentos de mosaico blanco que arrojan sobre mí los impactos de los tiros. Suelto inmediatamente una bala que recogí: está ardiendo.

Ahmed se retira de la posición. Ni él ni su compañero están asustados. Los tres rodamos sobre los escombros para evitar exponernos. Atraviesan una habitación llena de obstáculos en la que un sofá negro, de imitación piel, tiene un aspecto cómodo entre el caos. Me piden mantenerme a unos tres metros. Es una orden. Abedi le entrega la ametralladora a Ahmed, que la coloca entre los barrotes y apunta a algún lugar alto en otro edificio. *Alaju ákbar*. Sus disparos retumban ahora con mayor potencia. Le devuelven el fuego. Parece que la ventaja no está de este lado. Los dos saltan atrás para ponerse a cubierto. Esperan a que haya una pausa. E intercambian lugares.

Ahora es Abedi quien activa el arma grande. Los percutores hacen tronar los gordos casquillos. Ahmed también dispara con el Ak-47. Pronto, aumenta el número de las balas que entran, ya hay más contrarios atacándonos. El sofá no me va a servir de nada, busco un rincón y pego la espalda y la nuca al piso mientras utilizo el visor móvil de la cámara para ver lo que ocurre. Del techo se desprenden pequeños pedazos de cemento.

Los tiros están pasando cada vez más cerca de Abedi y siento que le van a dar. Él también. Se tira al suelo, panza arriba, y pone la ametralladora sobre su pecho. Nunca imaginé que se pudiera combatir así porque, aunque Ahmed le da instrucciones, me parece que no hay manera de que pueda apuntar ni con remota precisión. No le importa: la levanta para dirigirla a ciegas hacia donde él cree que está el enemigo y aprieta el gatillo. El cañón del arma truena a pocos centímetros de su cara. Creo que se va a hacer daño él mismo. Hasta que Ahmed da un grito, "¡*jalás!*" (¡alto!) Pecho a tierra, los dos se escurren entre los ladrillos y el yeso. Alertan: "¡Tanque, tanque!"

"¡*Alaju ákbar!*", con los nervios en la exclamación, ambos chicos repiten "¡*Alaju ákbar!*" Hay que salir velozmente de ahí. Al edificio contiguo. Bajar dos pisos, ¡rápido!, "¡*Alaju ákbar!*", o se nos va a caer todo encima. Pero nos desviamos a una habitación con media pared abierta hacia la zona de nadie, no sería raro que nos pudieran ver. Es hora de escapar… ¿O no?

Los jóvenes guerrilleros —con el flaco rostro enmarcado en una jefiya dispuesta como turbante, Abedi apenas muestra un bigotillo adolescente— entran en un cuarto, desprenden el cañón de la ametralladora y le introducen una varilla metálica, larga. Golpean y golpean, probando de varias maneras, desesperándose. El arma se encasquilló y no consiguen arreglarla. Querían seguir peleando. No salimos de ahí porque un obús estuviera a punto de hacernos relleno de baklava, sino porque ya no pudieron disparar.

"¡*Charmuta, charmuta!*", gritan para que nos oigan los invisibles enemigos, antes de marcharnos. Va dedicado a la madre de algún *canás*, una mujer que seguramente no merece el insulto. Ni los actos de su hijo.

¿Y la gente?

Los periodistas y, cuando esta profesión no existía, los cronistas de época dejan materiales casi siempre crudos que los historiadores después seleccionan, combinan y cocinan a su sazón. En este proceso, suele perderse la gente común. Quedan los llamados grandes hombres, los reyes y los generales, los libertadores y los tiranos. El problema es que se sabe muy poco —porque a muchos chefs de la narrativa humana no les importa mucho contarlo— de lo que ocurre con los no combatientes. Se destaca a los guerreros y a los estrategas, se olvida a los débiles y, con ellos, se oculta el costo humano de las hazañas.

La consecuencia es que creamos conflictos imaginando brillantes horizontes de amaneceres del heroísmo sin acordarnos de considerar todo lo que va a ser destrozado, ni si valdrá la pena. Pocas deben haber sido las guerras que terminaron como fueron planeadas, que rindieron beneficios que —a ojos de sus promotores— justificaran la inversión.

Estoy en dos historias simultáneas, traslapadas, montadas una en otra, pero diferentes. En una, dos muchachos corren a vengar el asesinato de una niña. En otra, existen los vacíos de la gente que ya no está, la que pertenecía a los espacios en los que transcurre muy lentamente la infructuosa justicia sumaria de Ahmed y Abedi. Una es la típica narración bélica, tiros entre enemigos; la otra es de las que se suele ignorar.

Estamos en lo que fue el apartamento de una familia de clase media. Hecho polvo. Tripas de colchones sobresalen entre los pedazos de paredes derribadas. El baño está expuesto al sol. Parece que algunos de los habitantes tuvieron tiempo de escapar, pero apenas: hay maletas abiertas que no pudieron llenar de ropa, las niñas dejaron sus ositos de peluche, la madre, los perfumes, y el padre abandonó el juego de afeitar. ¿Dónde están?

En el camino hacia este sitio, pasamos por muchos espacios que hasta hace poco eran íntimos. Los huecos convertidos en puertas forman laberintos en los que se conectan las intimidades de los desvanecidos habitantes. Se ha comunicado el patio de la familia A con el dormitorio de la pareja B, y el baño de ésta, con el guardarropa de la señora C.

Me muevo siguiendo a los guerrilleros por esta confusión de espacios. Entrar y salir tan velozmente de un ambiente completo —con objetos y detalles y estados de ánimo y cargas de deseos y presencias que siguen estando— me hace sentir como en un experimento descontrolado de teletransportación que lleva de pronto a un país, luego a otro, con poblaciones ausentes que sin embargo, han dejado todas sus marcas.

Es como un sueño en el que estoy de pie en una habitación

femenina en la que debería ver a una estudiante preparándose para ir a la universidad, pero ella no está ahí y atravesando una pared entra, como un fantasma, un joven con una ametralladora y cientos de gruesas balas, en su etéreo y a la vez torpe desplazamiento por una guerra que —siento por un momento— es una mentira, no está pasando.

Todas esas personas, si acaso no murieron, se marcharon. Las que tenían dinero, suerte y visas, probablemente llegaron a Europa. Muy pocas. Otras lograron cruzar a Turquía y viven ahora en campos de refugiados. Muchas sólo llegaron a los de la frontera, del lado sirio, y de vez en cuando los aviones del régimen les arrojan bombas. Pasaron de los apartamentos de clase media en el centro de Alepo a tiendas de campaña atestadas de gente. Bajo capas de 20 centímetros de nieve, porque este invierno nos ha pegado duro.

Cuando era niño, jugaba con soldados de plástico con los que organizaba tremendas batallas. Ahora, cuando pasamos por construcciones con pisos abiertos a la intemperie, sin paredes, a causa de las bombas, alucino que son casas de muñecas en las que mi mano gigante puede mover de una pieza a otra los sillones y los tocadores. Pero están rotos y su contenido, disperso por el suelo, en pedazos.

Desde el quinto piso, donde disparan Ahmed y Abedi, puedo ver la zona controlada por el gobierno: es un apocalipsis. No consigo advertir desde dónde nos tiran: si las cosas han perdido las formas y es difícil reconocerlas, resulta más complicado distinguir a un hombre con un fusil que se oculta entre los escombros. Los muros han caído, las columnas se han inclinado, el pavimento no se puede ver debajo de los pedazos de cemento. En todas las direcciones, hasta donde alcanza mi vista, es todo lo que hay. Lo que fue una ciudad ahora son inmensas pilas de fragmentos.

¿Y la gente? ¿Dónde está la gente?

Masacre en la universidad

Para ser creación de periodistas improvisados, Halab News ha montado una buena infraestructura: su sede en las afueras de Alepo (que en árabe es Halab) es su oficina central. Tiene otras ocho en distintos barrios de la ciudad, pequeños apartamentos habilitados con una antena para conectarse a internet por vía satelital, laptops, cámaras y equipos de reporteros ciudadanos. Todo funciona simpre que haya energía eléctrica. Algo con lo que no se puede contar.

Estoy en la del casco viejo, sentado en un sillón al lado de Remi, cuando recibe una llamada, da un grito y, combinando indignación con un intento por detener las lágrimas, da terribles noticias a sus compañeros: la universidad, su universidad, ha sido bombardeada. Es el 15 de enero de 2013, una fecha para nunca olvidar por el salvajismo que la marcó. Al menos 82 muertos y 160 heridos, según el reporte provisional del alcalde. Jóvenes estudiantes, en su mayoría. La explosión destruyó la escuela de arquitectura y un dormitorio, volteó automóviles en el estacionamiento a una centena de metros de distancia y rompió ventanas en casas a varias cuadras. "Los terroristas dispararon dos cohetes", aseguró la agencia gubernamental SANA, que ya ofrecía datos confirmados pocos minutos después de los hechos.

"¡Mentiras, mentiras de esos asesinos!", aseguraban Remi y sus compañeros. Algunos lloraban. Pido, casi suplico que vayamos ahí, pero no es posible: la institución está en la mitad de Alepo bajo control del régimen, lejos del frente de combate.

Sus razones para desechar lo que afirma la televisión estatal parten de un argumento cerrado: "Los insurgentes nunca harían eso", asegura Abu Yasán, "ellos son parte del pueblo".

Por teléfono, uno de sus compañeros de la universidad, que estuvo presente durante el ataque, me dice que escuchó "el estruendo de un avión" y que las bombas cayeron del cielo. A diferencia de Libia, donde la ONU decretó durante la guerra una zona de exclusión aérea que le impidió usar la fuerza aérea al régimen de Moamar al Gadafi, en Siria las nubes son exclusivas del régimen.

Las versiones son contradictorias, como es costumbre en ésta y tantas guerras. ¿Quién mató a esas 82 personas?

Según la televisión oficialista, fue un coche bomba. Aunque el Ejército Sirio Libre no ha recurrido al terrorismo ni a ataques contra la población civil, las suyas no son las únicas siglas que el gobierno incluye entre los que llama terroristas. En el caos que es Siria, actúan muchas organizaciones con objetivos propios. Si el ESL dice que quiere establecer una república democrática, los *yijadis* (los que hacen la *yijad* o guerra santa) se proponen convertir a Siria en una monarquía religiosa, en la primera piedra de un califato mundial bajo la *sharía*, la ley islámica. Es decir, lo que busca Al Qaida. Y como esta última, están convencidos de que por sus divinas metas vale hacer todo, y con frecuencia han utilizado coches bomba que provocan matanzas de civiles.

En un foro privado en internet, numerosos periodistas extranjeros que cubrimos Siria discutimos el evento. Algunos señalan la dificultad de operar dentro del área de control gubernamental, tan lejos de la zona insurgente. El indicio más significativo, sin embargo, es la enorme potencia de las dos explosiones. Nadie en la oposición tiene bombas tan poderosas. Sólo el ejército de Assad, concluimos.

Han transcurrido apenas dos días desde que una bomba casi nos mató en Azaz. En aquel momento, yo escuché con claridad el ruido del avión. Pero 90 minutos después, cuando ya estábamos en Alepo, la agencia SANA daba cuenta del ataque. Responsabilizaba a los "terroristas". De esta forma, se atemoriza a la población en general, pero en especial a un grupo, los alauíes, la minoría a la que pertenece el presidente Assad.

Intenté explicarles a los chicos que los reporteros coincidíamos en que, efectivamente, había elementos que sugerían que, como ellos decían, el gobierno había atacado en su propio territorio, y que mi experiencia reforzaba en mí esa hipótesis. Me miraron con sorpresa, sólo un instante, antes de recaer en la congoja. Claro. Como consuelo, no servía de nada confirmarles aquello de lo que no tenían duda.

EL PANTHEON DE HAFIZ

"No nos odies a los sirios, sabes que somos un pueblo hospitalario", me dijo el agente migratorio sirio, después de que sus jefes decidieron negarme la entrada a su país. "Lo malo es nuestro gobierno", acusó este hombre cuyo empleo –y probablemente los de sus familiares, y acaso su propia libertad— dependía de que no hubiera duda alguna sobre su lealtad al régimen. Era noviembre de 2011.

Desde el interior de una oficina, George gritó: "*Sorry!*" Las cosas se habían revertido en unos minutos: poco antes había sido yo quien se había lamentado por él porque a mí, natural de un país con el que el presidente Assad no tenía problemas, sí me iban a permitir entrar en Siria, en tanto que el pasaporte de mi compañero provocaba paranoia y resentimiento. Después de interrogarnos por separado, me habían dado el recibo con el que debía pasar a la caja —en un edificio viejo con ventanillas de servicio de los años setenta— a pagar el visado.

Era grave que rechazaran a George: él vivía en Damasco, todo lo suyo estaba allí. Él gobierno le había concedido un permiso de residencia que, creímos, cambiaba su suerte. Los oficiales le sonrieron y le pidieron esperar en una oficina, en tanto que a mí me devolvieron el dinero y me mandaron de regreso, con la bendición de Alá. ¿Me habrían visto cara de periodista? Deben haber sido simples sospechas porque no parecía haber allí computadoras o acceso a internet. Que la caja registradora mostrara los números como combinaciones cuadriculadas de luces era la señal más alentadora del futuro arribo de la tecnología digital.

Aunque fue un problema regresar a Beirut cuando atardecía y empezaba a faltar el transporte, me resultó mucho más sencillo que a George. Me llamó al hostal la mañana siguiente para avisarme que estaba por llegar: en realidad, le habían jugado una encantadora broma, separándolo de mí y haciéndolo esperar hasta que la oscuridad se había extendido, antes de comunicarle que su solicitud de ingreso había sido denegada. Así les cobran a los ciudadanos de las grandes potencias las cuentas abiertas por sus ejércitos.

El reportero deambuló por el camino y buscó un lugar donde protegerse para pasar esa helada noche de noviembre en las montañas libanesas. Veinte metros por encima de él, un anuncio espectacular de promoción de un reloj caro mostraba el primer plano de un tipo, elegante y en sus cincuenta, que le da la espalda a una mujer joven y muy guapa que admira su vehículo de lujo. "Sé perfectamente lo que quiere", piensa el hombre por escrito, "le he hecho creer que se lo daré... pero se irá sin nada". El envidiado disfrute del abuso del poder.

Aunque nuestro hostal en Beirut está en una ubicación casi

perfecta, en el barrio de Gemmayzeh (a dos cuadras de mi bar preferido, el Torino Express, minúsculo, anunciado con un retorcido tubo de luz de neón rosada en la ventana y poseído por un fugitivo de los setenta que se deja el alma pinchando excelentes discos de vinilo, y a cuatro calles del restaurante Le Chef, bueno, divertido y barato), no es especialmente limpio, estábamos viviendo los unos casi encima de los otros y el dueño, que residió en Colombia y habla castellano, tenía la nariz y las orejas metidas en los asuntos de todos y nos contaba las vidas de cada uno.

Ahí conocí a George y ahí lo volví a ver tras nuestro infortunado intento de ingresar en Siria. Llegó con la ropa húmeda, la mochila sucia y un aire de desconcierto en el rostro delgado, de amplia frente y un marco capilar de rulos cobrizos y barba recortada. Debía decidir qué hacer con su vida, una vez que el gobierno sirio había decidido cancelar la que llevaba.

Fue gracias a él que pude comprender mejor la división sectaria del país y conocer algo sobre la secta alauí del presidente Assad. Tenía un conocimiento profundo del Islam y de sus practicantes, de primera mano: intrigado por esta gente y su religión, había pasado un par de años viviendo en un lugar remoto de la península arábiga, estudiando en una madrasa (escuela musulmana) y observando a algunos compañeros de tendencia extremista. Después se mudó a Damasco, donde perfeccionó su dominio del idioma árabe e indagó sobre la compleja relación entre las etnias y las sectas religiosas del país.

La información que yo tenía —la que adquirimos la mayoría de los que miramos Siria sin entrar en su sociedad— mostraba tres profundas líneas divisorias de carácter religioso y dos de tipo étnico. Las primeras son las que separan a la minoría de cristianos de los musulmanes, y a estos últimos los dividen en dos: los seguidores de la secta suní, que conforman la gran mayoría, y los de la alauí, que a su vez pertenece al chiísmo que predomina en Irak e Irán. En cuanto a etnias, en el norte están los kurdos, que habitan también extensas regiones de Turquía, Irak e Irán, y que están resentidos porque sus vecinos no les han permitido crear un Estado propio. Además, en pequeñas bolsas repartidas por el territorio, de turcomanos y drusos.

Una minoría, la de los árabes alauíes, es la fuerza dominante desde 1971, cuando uno de los suyos, Hafiz al Assad, padre de Bashar, el presidente actual, dio un golpe de Estado e instauró su dictadura. Representan tan solo el 15% de la población pero entre la oficialidad del ejército y en los altos cargos públicos, hay pocos suníes y cristianos: ahí está la base del poder alauí.

Mientras Siria derivaba hacia la guerra, el gran temor era que de una revolución de la gente contra su gobierno, pasara a una gran confrontación entre etnias y religiones, una guerra de sectas interminable.

"En realidad, la fuerza oscura en Siria no es una rivalidad religiosa", me explicó George en Beirut. Así me dio una sorpresa, la primera de dos, que los analistas políticos de Washington desconocen: la misteriosa religión alauí que encumbró el viejo Hafiz al Assad, ya no existe. La segunda fue que quien la destruyó fue... Hafiz al Assad.

En las conversaciones con George, descubrí que el terrorífico alauísmo es en realidad bastante simpático. Alguna vez tuve un romance con una mujer de una secta chií muy parecida, la aleví, y pensé entonces que si yo fuera de algún modo religioso (lo que de ninguna manera ocurre), podría considerar convertirme. Claro que en aquella época yo, vale, estaba bajo la influencia de la chica.

Sin embargo, como dijo él: "Si buscas una religión acogedora que armonice con los elementos naturales, ésta es la fe para ti". De acuerdo con los alauíes, todos los seres humanos fuimos estrellas alguna vez, y mediante un proceso de metempsicosis de siete pasos, podemos recuperar nuestro lugar en la Vía Láctea. Los musulmanes ni beben vino ni les encanta que la gente le encuentre interpretaciones esotéricas al Corán, pero eso es lo que los alauíes hacen, bajo la idea de que el libro de Mahoma esconde significados más profundos.

Les importan poco, además, las estructuras de poder que montan las religiones: ni redes jerárquicas de clérigos ni templos de administración del misticismo. Piensan que se ama mejor a dios en el hogar o al aire libre, y adoran al sol y la luna porque son aspectos de lo divino; al aire, porque dios se ha dispersado en el éter; a las estrellas, porque ahí esperan los ancestros; y al cuarto califa del Islam, el imán Alí, porque bueno, si no, no serían chiíes, y de algún pie tenían que cojear.

Cuando Hafiz al Assad dio el golpe de Estado y tomó el poder, en 1971, no lo hizo bajo la orientación de la fe, sino de una doctrina política, el baasimo, que era parte del gran movimiento del nacionalismo árabe que predominaba en aquella época y que era básicamente laico. Necesitaba a la gente de su secta de origen, sin embargo, a ese 15% de alauíes que lo ayudaría a persuadir a la mayoría suní y a los cristianos de que lo conveniente en la vida, si uno quería conservarla, era estar con él y no contra él.

Al mismo tiempo, como todos los dictadores, precisaba de asegurarse la lealtad absoluta de sus seguidores, una fidelidad que no tuviera rival ni competencia. Ni siquiera la de la fe religiosa.

Así fue que, mientras se servía de él, Hafiz ordenó la supresión del alauísmo en un sentido místico: lo excluyó de la educación, prohibió cualquier expresión pública alauí o incluso que se lo mencionara, aplastó a las organizaciones y autoridades alauíes, persiguió los peregrinajes...

Muchos alauíes fueron compensados con posiciones políticas y/o oportunidades de negocio, pero no todos. En principio, en un país donde el discurso oficial pregonaba que todas las sectas y etnias eran iguales, la suya era más igual que las demás. Su acceso al poder, sin embargo, estaba determinado por su proximidad a las redes de los Assad, que eran, principalmente, familiares. La cúpula del poder se convirtió en una sala donde todos eran primos en algún grado.

Los cultos tradicionales fueron suplantados por el de los Assad convertidos en deidades. Los carteles con la imagen de Hafiz, de su hijo hoy presidente, Bashar, y de su otro vástago, Basil (quien estaba destinado a ser el heredero pero le gustaba correr en coches de lujo y se mató en 1994), son ubicuos y venerarlos como seres superiores a los humanos es una obligación para los alauíes como para los suníes, cristianos y kurdos.

Cuarenta años de adoctrinamiento, que se cumplieron en 2011, lograron crear un fenómeno de adoración masiva que a la insurrección le resulta difícil romper.

"La fuerza oscura en Siria no es la religión alauí, sino el amor por el pantheon (grupo de divinidades) que Hafiz inventó", me dijo George la última vez que lo vi. Aunque lo llamo "George" en este libro, su nombre real es diferente: se trata del amigo que en octubre caminó por donde yo entré en Siria, que desapareció rumbo a Damasco y cuya identidad no se debe revelar. Él creía que la verdadera entidad maligna en el país era "la creencia excesiva en este dominio de la irrealidad" fabricado por el fallecido presidente, pues "todos los que han matado en su nombre o guardado silencio mientras se desarrolla la matanza, levantan su bandera. Es un credo sostenido por los alauíes, pero los demás son bienvenidos. Y por ahora, se sostiene".

AHORA ESTÁS, AHORA NO ESTÁS

Es bueno que Lala, una chiquita de 8 años, haya podido ver el cadáver de su amiguita Salma durante su entierro en el cementerio. Ataviada con un bonito vestido negro con blanco, el cabello sujeto con una diadema, la pequeña no habla. Aunque me mira y creo que mi aspecto puede parecerle inusual, no detecto cambios en su expresión impasible. "Es bueno", me dice su madre, una mujer con *nicab* (el vestido oscuro holgado que cubre totalmente a la persona, excepto los ojos de color azul intenso que destellan tras la mirilla), "porque al menos de esta forma entiende qué es lo que pasa, que la niña se va".

Lala se llena de miedo, su mamá la toma de la mano y corre apenas nos llega el ruido de un avión. En el resto del mundo, nadie se inmuta. Aquí, es una señal de muerte, no hay forma de impedirlo: sólo puede venir a arrojar bombas. Tampoco se puede predecir dónde: no parece que los ataques sean planeados bajo una lógica clara, con objetivos tácticos como golpear posiciones enemigas. Es como si al piloto le dijeran "llévate estos misiles y arrójalos donde veas mucha gente".

La población se ha acostumbrado a distinguir el ruido de los obuses de mortero: unos van de aquí para allá, se escucha cuando los disparan, cómo se elevan, el sonido se pierde en la lejanía y segundos después, nos llega el bum de la explosión. Otros vienen de allá para acá, pocas veces los podemos oír, las más, en el último momento, es un ¡zuuuum brram! que lo sacude todo.

Algunos habrán muerto. Pero no tantos como cuando llegan los misiles Scud, inmensos, devastadores: manzanas enteras son fulminadas, ¿con cuántas vidas? Ésos te toman por sorpresa.

Los aviones son, en cambio, terroríficos a todo lo largo de su traslación aérea, porque se anuncian: suenan en el cielo, todos los ojos buscan allá arriba, la gente grita "¡*jet, jet, jet!*" cuando corre a buscar lo que sea que pueda parecer un refugio, aunque en realidad no hay sitios totalmente seguros, y se escuchan decenas de *Alaju ákbar* proferidos por las muchas personas que los repiten rogándole a dios que no sea aquí, por favor, que no sea aquí, *inshallah*, muchos morirán pero no nos llames ahora a tu lado, no nos lleves, déjanos sufrir un poco más en esta guerra.

El sufrimiento es general. Los morteros, los Scud, los bombardeos aéreos, los *canasín*, como el que mató a la pequeñita Salma, provocan que los adultos sufran crisis nerviosas, que dejen de entender las cosas, que enloquezcan. A los niños...

Lala ha entendido que avión es igual a muerte masiva. Los niños de otros países sueñan con volar en uno, los tienen de juguete, se enamoran de las aeromozas de los anuncios, quieren crecer para ser pilotos. Para Lala es diferente. Ella ha visto que donde vivían sus amigas, de un momento a otro sólo hay escombros bajo lo que parecen tormentas de polvo de cemento, y los niños ya no están. ¿A dónde se fueron? Pedazos de carne quemada se mezclan con fragmentos de tela, vidrio y plástico. ¿Cómo explicarle que eso es todo lo ha quedado de Subiya, Sirin... Yamina?

Ahora estás. Ahora ya no estás.

Es bueno que haya visto el cadáver de Salma porque así, puede entender que la niña se va.

Mejor que Monty Python

Cuando Brian, nacido al mismo tiempo que Jesucristo y casi a su lado, decide unirse a la lucha contra la ocupación romana, se halla de pronto en medio de una locura de siglas y facciones: el Frente del Pueblo de Judea, al que él pertenece, termina olvidando sus metas libertadoras y se enfrasca en una pelea de todos contra todos con el Frente del Pueblo Judeano, el Frente Popular del Pueblo Judeano, la Campaña por una Galilea Libre y el Frente Popular de Judea (en el filme británico "La Vida de Brian", de Monty Python, 1979).

La de Siria es una situación mucho más compleja. Sólo en el lado del régimen están las cosas claras: hay un ejército con el que colaboran fuerzas policiacas y una milicia de matones, los *shabihas* (fantasmas).

La oposición creció a partir de cero, cuando el régimen trató de sofocar con velocidades olímpicas las manifestaciones pacíficas, y para eso empleó tal brutalidad que provocó que oficiales y soldados desertaran para crear una resistencia armada. Al intensificarse y prolongarse, la guerra abrió los espacios para que intereses de muy diverso tipo se inmiscuyeran respaldando a los grupos de su elección.

El diagrama de los rebeldes, en trazos muy gruesos, se divide en tres grandes ramas:

El Ejército Sirio Libre no es un ejército como tal, con estructura y mandos claros, sino una coalición laxa de grupos grandes y pequeños que tienen intereses que hasta cierto punto son similares y compatibles, más allá del objetivo de derribar al régimen. Unos son más o menos religiosos que otros, aunque se supone que no hay extremistas. Son principalmente árabes suníes, aunque también hay algunos cristianos, alauíes e incluso refugiados palestinos.

Hay varias brigadas *yijadis*, compuestas por combatientes originarios de Siria y muchos otros del extranjero (iraquíes, libios, chechenos, egipcios, europeos, etcétera), cuyo fin es sumarse a la *yijad* (guerra santa) global y convertir a Siria en un estado monárquico regido por autoridades religiosas bajo la *sharía*, o ley islámica. La más importante es Jabhat al Nusra o Frente de la Victoria, que es parte de Al Qaida y ha ganado fama por sus triunfos militares.

Además, están las milicias kurdas, que en principio sólo aspiran a defender sus pueblos y los barrios de Alepo y Damasco donde son mayoría, para que no los afecte la guerra. Están divididas, sin embargo: las Unidades de Protección Popular (YPG), ligadas al PKK (Partido de los

Trabajadores Kurdos, la guerrilla que pelea contra el gobierno turco desde los años 80), que mantienen ciertos acuerdos de no agresión con el gobierno de Assad, son las predominantes, aunque enfrentan el reto de facciones entrenadas por los kurdos iraquíes de Masud Barzani, cercanos a Turquía y enemigos de Assad.

En "La Vida de Brian", los soldados romanos asistían satisfechos a las luchas intestinas de sus enemigos. Aquí ocurre lo mismo: Bashar al Assad no puede menos que aplaudir cuando los kurdos entran en combate con el ESL y con los *yijadi*s (aunque ha habido alianzas puntuales entre los dos primeros contra los últimos), además de que las acciones de los extremistas islámicos, como los coches bomba y las ejecuciones sumarias, le permiten describir a los grupos rebeldes en general como terroristas: cuando Jabhat al Nusra y sus similares cometen ataques que dejan decenas de civiles muertos (o cuando se trata de culpar a alguien por las masacres cometidas por las fuerzas gubernamentales), la televisión siria no se preocupa por explicarles a sus espectadores este complejo entramado. En la pantalla, todos son los mismos.

La tendencia a dividirse en fracciones infinitesimales es una característica recurrente en la región, como explica el periodista iraquí Ghaith Abdul-Ahad en un artículo para la *London Review of Books*:

"En Medio Oriente, siempre hemos tenido un fuerte apetito por el faccionalismo. Algunos lo atribuyen al individualismo, otros culpan a la naturaleza de nuestro desarrollo político o a nuestro tribalismo. Incluso hay quienes culpan al clima. Lo llamamos tashartum y abominamos de él: lo vemos como la razón principal de todas nuestras pérdidas y derrotas, desde *Al-Andalus* (Andalucía) hasta Palestina. Y sin embargo, amamos el faccionalismo y nos regodeamos en él y lo ejercemos mejor que nadie, y no hay nada que nos encante más que una facción que se divide en facciones más pequeñas. De cualquier forma, incluso tomando en cuenta las dimensiones de las guerras civiles previas en Medio Oriente, los sirios parecen haber alcanzado nuevas alturas. Después de todo, los palestinos en su día tuvieron una docena más o menos de facciones. Y los libaneses, dios los bendiga, nunca tuvieron más de 30 facciones".

Para simplificar, hice esa división en tres. Pero habría que añadir milicias palestinas y drusas. Y en realidad, el diagrama de la oposición siria podría ramificarse interminablemente. Dentro del ESL, por ejemplo, hay toda clase de rivalidades y los comandantes de brigada, o hasta los de las pequeñas *katiba*s, pueden decidir participar o no en una acción de acuerdo a sus rencillas con otros jefes, a su estado de ánimo o a lo que les resulte más interesante hacer en el momento. No son raras las disputas entre ellos mismos, que de pronto se resuelven a balazos, como también las hay entre kurdos y entre *yijadi*s. Además de que se canibalizan unos a otros: formar un grupo armado es algo mucho más complicado que agarrar el fusil e irse a echar tiros, es un esfuerzo muy costoso que hay que sostener a lo largo del tiempo, cuando hay combates como en periodos de calma. Hace falta alimentar a los guerrilleros, procurar que tengan armas y municiones, además de entregarles un sueldo porque tienen familias que necesitan sobrevivir en estas épocas de caos, en las que no hay ingresos. Abdul-Ahad cuenta en su artículo cómo es que el comandante de una *katiba* con problemas económicos se ve forzado a aceptar que otro tipo, que está formando la suya y tiene dinero para pagar, se lleve a varios de sus hombres.

Hay pocos incentivos para que los distintos grupos se unifiquen y acepten las órdenes de quienes se autonombraron como sus superiores. Sobre todo si se toma en cuenta que por décadas, la dictadura que están tratando de derribar, cito a mi colega, "trabajó para arrodillar a la gente en sumisión: cada púlpito, cada medio de comunicación, cada libro de texto te enviaba el mismo mensaje, que la gente debía servir al que mandaba". Fue por eso que si una persona tenía un poco de poder, desde el presidente hasta el hombre que vendía sellos de correos, lo ejercía de manera despótica y "te pasabas la vida tratando de evitar que te humillaran —por no decir que te detuvieran o torturaran o desaparecieran— al mismo tiempo en que intentabas conseguir algo de ellos, sobornándolos o rogándoles que te dieran lo que necesitabas: una línea telefónica, un pasaporte, un lugar para tu hijo en la universidad".

Es por eso que, ahora, los comandantes no ven razones para someterse a la autoridad de alguien más, si pueden tener un grado mínimo de autosuficiencia: muchas de las *katiba*s no son más que un hombre con sus primos y gente de su clan, y conexiones con alguien que financia sus operaciones. Como el dinero no llega con la necesaria regularidad, los grupos vagan por ahí buscando batallas en las que puedan capturar armamento, provisiones y efectivo. Pero mientras logren sobrevivir, no aceptarán órdenes de otros.

Abdul-Ahad cita una historia muy repetida, sobre el momento en 1958 en que Siria y Egipto intentaron formar una República Árabe Unida (el experimento sólo duró tres años y después, los aliados —¿qué otra cosa iban a hacer?— se dividieron), que explica esta alucinante multiplicación de las facciones: "Cuando el presidente sirio firmó el acuerdo de unificación con (el egipcio Gamal Abd al) Nasr, básicamente entregándoles el país a los egipcios y renunciando a su título presidencial, le pasó el documento a Nasr y le dijo 'abandono mi papel de presidente pero te entrego un país de 4 millones de presidentes'".

LAS PÉRDIDAS SE ACUMULAN

"¡La revolución es un error, un gran error!", me grita en inglés un hombre de unos 35 años, que acaba de entrar al pequeño apartamento-oficina de Halab News en el casco viejo. Él está de pie y yo, sentado en un sillón. No le importa que lo escuchen los reporteros ciudadanos y sus amigos, unos siete chicos en total, simpatizantes del ESL. Tal vez sabe que lo respetan, o que entienden lo que le ocurre, y no van a tomarla contra él. Como no logra obtener mi atención —he escogido ignorarlo porque no sé si lo que busca es una confrontación que no me interesa—, mira alrededor en busca de algo que le sirva para expresar su ira, su desprecio, el tamaño mediterráneo de su frustración y del dolor que siente, y encuentra una chamarra, que podría ser mía o de alguien más (un chico pone cara de impotente lamento). La arroja al suelo y realiza lo que parecería un baile torpe sobre ella, pisoteándola, un grave insulto entre los árabes. "¡Basura, revolución basura!"

¿Significa esto que apoya al régimen? No se aclara esta noche. Pero sí a la mañana siguiente. Tan sin invitación como la primera vez, el personaje se me acerca para dejar claras las cosas, a gritos, aunque ahora dice algo distinto: "¡Ésta es nuestra tierra! ¡No es la tierra de Bashar al Assad! ¡Es nuestra tierra y no permitiremos que nos la arrebate!" Vuelve a encontrar una chamarra. Y otro chico lo lamenta.

Aunque luce más relajado que la noche anterior, el individuo no acepta aclarar lo que parece una contradicción. En su lugar, lo hacen los jóvenes: él (prefieren no dar su nombre) fue uno de quienes salieron en las primeras convocatorias a protestar contra el régimen, en aquel ya lejano marzo de 2011. El modelo a seguir eran Túnez y Egipto: en esos países hubo violencia y muertos, pero los respectivos dictadores cayeron en cuestión de semanas, sus ejércitos se habían abstenido de disparar contra la población y de esa forma, se creía entonces, se habían abierto las puertas a un futuro mejor.

Assad es un dentista educado en Gran Bretaña, que al principio tenía fama de pacífico y que llegó al poder sin quererlo, tras las muertes de su hermano (Basil, el heredero designado por el viejo Hafiz, se mató en su coche deportivo) y de su padre, que murió en cama. ¿Por qué no podría él entender el llamado al cambio que le hacía su pueblo y facilitar una transición?

No resultó como esperaban. Cuando los manifestantes desarmados se cansaron de soportar la represión y empezaron a sumarse a los nuevos grupos guerrilleros, este hombre se negó a seguirlos porque previó la locura de violencia que se cernía sobre su país. Es cuando me están diciendo esto que él interviene, otra vez a gritos: "¡Ha sido peor, mucho peor que todo lo que imaginé!"

Él pasa el día sentado entre esos jóvenes activistas, que además de realizar actividades de documentación videográfica del conflicto, hacen lo que los chicos hacen: reír, provocarse, jugar. Sentado en una silla, con la cabeza calva cubierta por una *jafiya* roja y blanca, él los mira en silencio sin involucrarse o hacer gestos. Por horas, pensando... no imagino qué. La guerra destruyó su hogar. El sitio donde trabajaba cerró. La escuela de sus hijas se convirtió en cuartel rebelde. Pero esto último no importa más: ellas estaban en casa cuando un avión del gobierno tiró una enorme bomba sobre el edificio donde vivían. Sus cuerpos desaparecieron. También el de su esposa.

Sus pérdidas se acumulan. Ahí murieron varios más de los suyos, un hermano, amigos. Otros han caído en combate. Y algunos luchan en la *katiba* Shajid Abedi (brigada Mártir Abedi), del ESL, cuyo "hogar" está a unas ocho cuadras de ahí, bajo la sombra ominosa de la Ciudadela. Los encuentro a la hora de comer y, haciendo gala de la afamada hospitalidad siria, me invitan a sentarme con ellos alrededor de una olla de ful, un plato tradicional a base de habas, en el que introducimos gordas hogazas de pan. Me coloco al lado de una pared de costales de arena a la que no le doy importancia hasta que me advierten que no debo asomar la cabeza, pues a unos 50 metros hay otro muro improvisado tras el que se esconden los soldados del régimen. ¿Quiero comprobarlo? "¡Eh Muhammad!", grita uno de los insurgentes de mayor edad, "¡ven a comer ful, que Bashar no te da de comer!" "¡Sí que me da y no paso frío como ustedes, perros!", responden desde el otro lado. "¡Pues no te dejaremos nada!", concluye el rebelde, carcajeándose con sus compañeros.

¿Cómo sabe que se llama Muhammad? ¿Lo conocía de antes de la guerra? ¿Eran amigos? Las risas retumban más fuerte y el comandante casi derriba la olla de ful. "¿De dónde eres?" Contesto que de México. "¿Y no te llamas Yusé?" Mi cara de desconcierto provoca más hilaridad y asumen que se debe a que sí, mi nombre es Yusé, el jefe atinó. "*¡Alaju ákbar!*", grita un muchacho, y los demás cantan alrededor de mí, "¡Yusé, Yusé, Yusé!"

Entonces caigo en la cuenta: ellos quieren decir José pero su jefe pronunció la J y la O como Y y U, y los demás lo repiten en celebración del certero ingenio de su líder. Lo que trata de explicar es que, en Siria, en cualquier lado se puede decir Muhammad y al menos uno volteará la cabeza, y que en México debe ocurrir lo mismo con José. Tan es verdad —creen estar comprobando— que yo me llamo así. Entonces quiero decir que no, mi nombre es Témoris, pero no me entienden, *habibi* (querido), ¿a quién en esta Tierra le ponen un nombre tan extraño?, pero y usted, ¿cómo se llama?, soy Sibghatullah, entonces soy yo el que rompe a reír, ¡Sibghatullah!, ¿y crees que mi nombre es raro?, pero los otros ni entienden el chiste ni encuentran gracioso que me mofe de su comandante. Debo tener cuidado porque estoy hablando de lo divino, me aclaran. ¿Qué significa mi nombre? El que ve caminos. Pues Sibghatullah sí tiene un sentido profundo: el color de dios. ¿Cuál es el color de dios?

Mmmm, no. Pregunta equivocada. De nuevo estoy diciendo cosas con pocas oportunidades de generar simpatía. Será mejor resignarme a ser rebautizado. Empiezo a pensar que es algo que les agrada hacer a muchos musulmanes que encuentro: en dos ocasiones, curiosamente, con el mismo nombre: me pusieron Muhammad (¡tenía que ser!) Tariq en el Kurdistán turco y en Níger. Ahora, para los guerrilleros de la *katiba* Shajid Abedi, por ti seré, por ti seré, órale pues, carnales, Yusé.

Siento muchas ganas de que hayamos superado el punto cuando un ahora muy serio Sibghatullah empieza a señalar a cada uno de sus hombres, para despejar cualquier duda que yo no he manifestado pero que les interesa que no tenga: "Éste es de Alepo. Éste, también es de Alepo. Y éste. No somos de Pakistán ni de Afganistán. Somos islámicos pero no islamistas, creemos en un Islam tolerante y moderado. Aquí no hay ninguno de Jabhat al Nusra" (los *yijadi*s de Al Qaida). "¡*Alaju ákbar*!": los demás están de acuerdo. El comandante me clava los ojos para dejármelo claro: "En Alepo nadie los quiere. Ni en toda Siria".

El reto de Al Qaida

No es exacto que nadie los quiera. Para el ESL, Jabhat al Nusra y las brigadas *yijadi*s se han convertido en un problema mayor, en muchos aspectos. Uno de ellos es que las potencias occidentales, que en varias ocasiones se han comprometido a apoyarlos, se abstienen de enviar armas porque temen que acaben en manos de al Qaida. ¿Qué podría decir Barack Obama, por ejemplo, si un avión israelí con 200 pasajeros fuera destruido en pleno vuelo con un lanzamisiles de hombro regalado por su gobierno? A los portavoces del ESL les ha costado mucho trabajo convencer de que eso no va a ocurrir, pese a lo cual, ya abundan las malas señales: entre la miríada de videos en YouTube hay varios, de los más recientes, que muestran a extremistas utilizando armas croatas y de la antigua Yugoslavia que, con la anuencia de Washington, fueron originalmente entregadas al ESL por Arabia Saudí.

Otro punto muy importante es que los *yijadis* le están disputando al ESL el apoyo popular y el control efectivo de pueblos y zonas urbanas. Como no hay uniformidad de comportamientos y cada quién hace lo que cree mejor, la opinión que tienen los habitantes acerca de los rebeldes cambia según la actuación del comandante que tenga el control de la zona. Los hay tanto sensibles e inteligentes como megalómanos que se creen señores feudales de un par de manzanas. Esgrimiendo su estricta moral religiosa, Jabhat al Nusra promete imponer orden ciñéndose a la ley islámica... no exactamente como quisiera la mayoría, pero muchos creen que es mejor que la ley de la selva.

En este caos de hombres armados con autoridad autoarrogada, cualquier disputa menor es una batalla en potencia. Estuve a punto de verme envuelto en una: al entrar en una rotonda, Hassán Surani me llevaba en la parte trasera de su motocicleta cuando otra, en la que venían tres guerrilleros, a cinco metros de nosotros, fue embestida de costado por una camioneta en la que también viajaban combatientes. Estos últimos se bajaron de inmediato y dirigieron sus rifles contra quienes supuestamente son sus camaradas, que tirados en el pavimento y gritando de dolor, trataban sin éxito de apuntar con los fusiles. Se los quitaron, los pusieron de pie y se los llevaron en vehículos. "Dijeron que al hospital", comentó mi acompañante, "pero no estoy seguro. Si no pudieron defenderse ahora a tiros, no sería raro que si los dejaran ir, regresaran con su *katiba* a vengarse. Esto se resolverá entre comandantes... o no". ¿Y si los derribados hubiesen sido civiles? "Depende de la buena voluntad del que porta el Ak-47".

Surani es un combatiente barbado y rudo al que sólo por el pulido acento británico se le puede creer que es un politólogo educado en la Universidad de Oxford. Estamos paseando a pie por el barrio de Succari, vecino a Saif Al Dawla, con estrechas calles llenas de basura, sobre las que se alinean edificios de pequeños apartamentos con paredes sucias y balcones ocultos por cortinas viejas y rasgadas. Es el día de descanso y oración, viernes, y tras el rezo de mediodía, el más importante de la semana, los niños salen a manifestarse contra Bashar al Assad. Esta vez, con la denuncia del ataque de la fuerza aérea contra la universidad, una acción casi increíble que sólo puede responder, dice, a la infinita maldad del presidente.

Él no es quien está verdaderamente al mando en Damasco, cree Surani: "Bashar hace lo que le dicen, no lo que él quiere. Los sirios se desesperan porque los (gobiernos) árabes han ofrecido acoger en el exilio a Bashar, y él no se va, pero lo que pasa es que no lo van a dejar ir nunca: ¿Tú imaginas que, mientras él y su familia se van a Europa a gozar del dinero que se robaron, los políticos y generales de su círculo de poder se quedarán a morir aquí? Para ellos es todo o nada".

En la calle encontramos a gente que, sin entrar en el análisis político ni sentirse intimidada por la presencia del guerrillero, denuncia que no se le puede echar la culpa de todo a Assad: "Ni los aviones ni los *canasín* son los que están encareciendo la harina", afirma una matrona en chador, una de las pocas mujeres en la fila para comprar pan, una cola inmensa, inmóvil y, como es normal aquí, en un 90% masculina. Combativa, la señora atribuye culpas: "Los jefes de las *katiba*s del ESL están haciendo negocio, ¡ladrones!"

Algunos hombres se inconforman e inicia una discusión a gritos, que se interrumpe abruptamente: han llegado unas camionetas con gente armada que sostienen las banderas negras de Jabhat al Nusra. Yo prefiero callar, mirar y dejarme ver lo menos posible. Surani se desvaneció, ¿a dónde fue? Los *yijadis* bajan sacos de harina que entregan a los panaderos. Sin cobrar. Pero con la instrucción de vender el producto muy barato, salvo que se quiera enfrentar en este mundo la justa furia de dios, aplicado, bueno, por la propia Al Nusra.

"¡*Alaju ákbar, Alaju ákbar!*", grita la multitud al unirse en un potente aplauso.

Encuentro a Surani esperándome, detrás de los restos de una ambulancia quemada, a media cuadra. Yo quiero saber por qué se fue y él no entiende cómo es que no lo seguí. Preocupado porque los *yijadis* "están secuestrando la revolución", comparte que ha escuchado que en algunos sitios ha habido manifestaciones populares con el lema "¡no queremos el ejército criminal!, ¡queremos el ejército islámico!"

El carisma de Al Nusra llega también a otros sectores. Como algunos chicos de Halab News. Por su aspecto, sería difícil distinguirlos de otros jóvenes de cualquier país mediterráneo: se visten a la usanza occidental, viven en Facebook y Twitter y reaccionan (cada cual a su manera) ante el Gangnam Style. No es ahí donde se expresa su devoción religiosa.

En la oficina central de las afueras de Alepo, dos de sus principales miembros me dijeron abiertamente, sobre un plato de hummus (pasta de garbanzo) y otro de labnah (un yogurt con textura cremosa), que simpatizan con Al Qaida y con Jabhat al Nusra. Oficialmente, su grupo apoya al ESL, pero el par tiene varias razones para disentir: el ESL carece de organización, está lleno de ladrones y de personajes indisciplinados que abusan de la población, y sus principios religiosos son flojos. Jabhat al Nusra, en cambio, "trajo equidad a Alepo. Reparte comida y mantas sin hacer distinciones, ni a uno más ni a otro menos, y las regala aunque no quede para sus *yijadis*. Están contra los ladrones y por eso, los ladrones están contra ellos".

Otro de sus grandes atractivos es la eficacia militar: Jabhat al Nusra se pone al frente en las batallas más duras. Sus militantes avanzan sin miedo en las primeras líneas porque, si logran morir en combate y convertirse en mártires, irán al paraíso. A ellos sí les llega dinero y armamento enviado por Al Qaida y príncipes y empresarios del Golfo Pérsico y Europa, por lo cual, para los jóvenes que quieren pelear, resulta más conveniente alistarse en sus *katibas*. Con todo esto (disciplina, alta moral, armas, sueldos y tropas), Al Nusra obtiene victorias militares con las que incrementa su prestigio. Y además de cosechar éxitos, les sabe sacar provecho dándoles buena difusión.

En mi lista de preferencias, están bastante mejor colocadas las oficinas satélite de Halab News que la central, a pesar de que esta última es más amplia y cómoda, dentro de lo que se puede conseguir aquí. Su desventaja, para mí, es que los chicos son muy devotos, más que cualquier musulmán con el que se me haya dado la oportunidad de tener una convivencia cotidiana: no exagero al afirmar que, si el Corán establece que hay que rezar cinco veces al día, en ese lugar deben hacerlo unas diez. Hasta las dos de la mañana y a partir de las cuatro y media.

Hace muchos años, cuando el mexicano Rodolfo Neri Vela fue al espacio en el transbordador de la NASA, se corrió un chiste que decía que nuestro compatriota había regresado con un problema nervioso que le provocaba súbitas contracciones del brazo derecho. Lo había desarrollado, aseguraban, porque cada vez que él trataba de tocar algún instrumento de la nave, los astronautas gringos le daban un manotazo. Me acuerdo de eso cuando estos muchachos me complican la vida corrigiéndome. En principio, ellos son más jóvenes que yo y la norma es respetar al mayor. Mi condición de infiel, sin embargo, me coloca en un nivel inferior, a su entender, y meterme al orden es un deber religioso. Así es que me llaman la atención porque violo desconocidos preceptos al comer, al caminar, al moverme entre ellos. Estoy muy acostumbrado a convivir con personas de culturas ajenas y a ser humilde para poder aprender sus costumbres y adaptarme. Me desagrada, sin embargo, que algunos ahí actúan con arrogancia —no soy un igual— y que no tratan de hacerme entender las cosas, sino de imponérmelas. Cuando pregunto el por qué de algo, lo zanjan con un simple: "El profeta nos lo dijo". *Voilà!*

Los más odiosos son, precisamente, los dos que simpatizan con Al Nusra. En las demás oficinas, por encantador contraste (*¡Alaju ákbar!*), se toman las cosas de manera mucho más tranquila. Desafecto a todo tipo de humo, nunca hubiera podido imaginar que me sentiría a gusto entre gente que fuma, porque en la central está religiosamente prohibido. Algunos rezan, pero no todos, y lo hacen de tanto en tanto. Las indicaciones de urbanidad son pocas, hechas de buena manera y con un sentido práctico, y la actitud es más relajada. No sienten que le deben demostrar devoción a dios cada minuto. A los que les he preguntado, Jabhat al Nusra les causa desconfianza, incluso inquietud por la —por el momento, improbable— posibilidad de que domine a sus rivales e imponga en Siria un régimen islámico radical.

Pero lo admiran.

Alguien les ha regalado un DVD con videos de la organización extremista. Son muy diferentes de la mayoría de los que hacen las *katiba*s del ESL, de factura rudimentaria, con largas tomas sin cortes y contenido predecible.

Los de Al Nusra están mejor editados, tienen narración en off, subtítulos, flechas y otros elementos gráficos y, lo más importante, no sólo proclaman sus éxitos, sino que los explican bien. Uno de ellos muestra, por ejemplo, cómo eliminaron a unos francotiradores de los *shabihas* (milicianos del régimen) y de paso destrozaron uno de sus reductos, en un edificio moderno, muy alto, frente a una plaza céntrica de Alepo, desde el que podían disparar sobre calles de la zona rebelde.

Mientras sus combatientes colocaban un coche bomba, que hicieron explotar en un momento determinado tras el estudio de la rutina del enemigo, sus camarógrafos se colocaron en puntos de ventaja para captar la acción. En la imagen, todo se describe al detalle, los *shabihas* que salen del edificio aparecen enmarcados en un círculo rojo, una línea indica cuál es el auto con los explosivos y otra, desde qué piso actúan los *canasín*.

"¡Bum!", retiemblan los altavoces de la laptop de Abu Yasán, nombre de guerra de uno de los activistas. El narrador celebra que tanto los *shabihas* como su posición de tiro han sido eliminados. "*¡Alaju ákbar!*", gritan los activistas en la oficina. "Son muy estrictos", reconoce Abu Yasán. "Pero son los únicos que saben lo que hacen".

Más compañeros mueren

Mataron a dos colegas, a uno ayer y a otro hoy, 18 de enero. Yves Debay, un veterano corresponsal de guerra de origen belga, entró en una zona abierta y con presencia de tropas gubernamentales en las afueras de Alepo, donde recibió el tiro de un francotirador. En el sur del país, al reportero de Al Jazeera Muhammad al Massalma, conocido como Hourani, le dispararon desde una distancia de media a corta, al cruzar, en segunda posición, una calle en disputa.

La cuenta fatal para el gremio es ya de 77 muertos en 22 meses de conflicto. De ellos, 55 eran reporteros ciudadanos y 22, profesionales como Yves y Hourani. Que descansen en paz.

Austin, James, mi amigo "George" y otros colegas continúan desaparecidos.

El nivel de alerta se ha elevado porque Al Qaida llamó a secuestrar franceses y otros occidentales, en protesta por la intervención de París contra las milicias extremistas que habían conquistado la mitad de Malí (África Occidental) y amenazaban con atacar la capital, Bamako. Con ellos, españoles, británicos y estadounidenses deben redoblar precauciones.

Vale. Todos nosotros.

CUARTO DE LUCES

Yamil vivía en un hoyo frente a un patio, a tres metros de una pared tras la que transcurre la línea del frente de Izaa. Este barrio, que se disputan las fuerzas de Assad y el ESL, es estratégico porque está sobre una colina partida a la mitad por una calle por la que no se puede caminar si se quiere seguir vivo: es tierra de nadie y sólo se cruza para lanzarse al ataque. Cuando dormía, Yamil tenía que ser capaz de reaccionar de inmediato si los soldados venían porque, de otra forma, despertaría para morir. A su vez, él participaba en las incursiones nocturnas con sus compañeros, en las que, cuentan, aúllan como fantasmas para aterrar a sus enemigos y hacerlos escapar. Ayer estaban muy contentos porque habían dado un golpe exitoso sin sufrir ni una baja. Hoy, 20 de enero, hemos venido temprano porque recibimos la noticia de que un *canás* mató a Yamil, estudiante de 19 años que hablaba inglés y era muy simpático con los reporteros.

Dejé de trabajar con Halab News y me fui al centro de medios de Abdullah al Yasín, antiguo combatiente de Liwa al Tawjid (una de las brigadas más fuertes del Ejército Sirio Libre), de quien se dice que tiene buenos contactos entre las *katiba*s de Alepo, lo que debería darme mejor acceso a sus jefes. Abdullah maneja el Aleppo Press Center (APC), un sitio donde los periodistas pueden dormir, comer, utilizar internet y organizar sus tareas diarias con el apoyo de choferes, guías, traductores y guardaespaldas.

Todo parecía un juego hace 24 horas. Dos chicos del APC me trajeron a Izaa, saltando como pulgas para atravesar un par de avenidas anchas en las que los francotiradores estaban muy activos. El barrio fue de clase media alta, tal vez porque la ubicación ofrece buenas vistas sobre la ciudad, aunque ésa es ahora la maldición de estas calles totalmente abandonadas por los civiles y con edificios en los que los aviones han abierto inmensos agujeros a bombazos. Pobre Alepo.

Abu Ali apareció de sorpresa. Estábamos a cubierto, bajo una cornisa, esperando la autorización del comandante a cargo de la zona para poder continuar, cuando este hombre a quien yo no conocía, delgado y con barba entrecana, llegó corriendo hasta una esquina tras la que se ocultó para dejar pasar el tiro del *canás*. De inmediato, el guerrillero salió a plantarse en medio de la calle con las piernas abiertas, como si estuviera frente al *OK Corral* de Tombstone, Arizona, con dos pistolas en los bolsillos y otras dos en las manos, y con éstas apuntó en la dirección de quien le había disparado. Obviamente, esas armas eran inútiles contra un rival distante a quien ni siquiera podía ver. Peor aún, cuando tiró de los gatillos, no funcionaron. Apoyándose sobre la pierna izquierda, Abu Ali hizo un atlético movimiento de pivote, como si estuviera en posesión de una pelota de baloncesto, desplazando el pie derecho hacia atrás, apenas a tiempo de que no le diera una segunda bala que pasó raspando el aire, ¡ziiiiing! Soltó una carcajada y se desplazó dando largos pasos de fanfarrón hasta detenerse a cuatro metros de mí. "¡Toma esto!", gritó al tiempo en que me arrojaba a las manos las dos pistolas. Eran de plástico.

El permiso ya no fue necesario porque Abu Ali era el comandante. Nos condujo al punto desde el que controlaban las acciones en la línea de fuego. Su tecnología se reduce a radios móviles. Me dio la impresión de que sus hombres —o más bien, sus muchachos— estaban imbuidos de su locura cómica. Sobre una barrera de sacos de arena, tras la que empezaba la tierra de nadie, había dos juguetes infantiles: uno era un pato, "porque a Bashar al Assad le dicen así y de esta forma nos burlamos de él", explicó un chico rubio al que sólo le faltaba el casco con alas para parecer guerrero de una aldea gala; el otro era un tigre, que estaba ahí porque... se miraron unos a otros buscando una razón. "Es que los tigres son la mejor compañía para los patos", improvisó alguno.

Mientras el joven terror de los romanos hostigaba a los soldados al grito de "¡*Alaju ákbar!*", mostrándoles el dedo medio y arrojándoles granadas caseras, cuya onda expansiva se sentía con fuerza detrás de las paredes, el jefe y otro de los chicos seguían en la onda del Viejo Oeste simulando duelos con las armas infantiles. Más tarde, el oficial nos acompañó a otro sitio donde se hizo examinar por un falso médico guerrillero con estetoscopio, simulando tener el corazón partido por un amor (en un video en internet, Abu Ali aparece con dos botellitas de detergente, hechas de plástico de color naranja y rojo, que muestra a la cámara antes de lanzarlas contra una posición enemiga; lo difundió semanas más tarde PressTV, el canal en inglés del gobierno iraní, como prueba de que los "terroristas" están utilizando "armas químicas").

La diversión no duró más que el día, como vinimos a constatar esta mañana. Nos dijeron que iban a velar a Yamil, pero ya no lo encontramos: durante la noche se llevaron el cuerpo para intentar el peligroso traslado del norte al sur del país, hasta su pueblo cerca de Deraa. Hallamos sus zapatos y su arma al lado del sillón donde dormía, junto al hoyo por el que se entra a su antiguo cuarto, y a uno de sus compañeros, tendido de depresión. Afuera, una mancha de sangre marca el sitio donde lo llevaron a morir.

Al marcharnos, pienso que Omar, guía y guardaespaldas que colabora con APC, acaricia la bayoneta acoplada a su rifle Ak-47 por nervios, tal vez por el impacto de la muerte de Yamil. En realidad se debe a que "hace una semana que no he matado a nadie". Caminamos por una calle donde, me parece, la gente no nos presta mucha atención. Él afirma que lo evitan: "No me miran a los ojos. Cuando paso, se hacen a un lado. Me tienen miedo sólo porque uso barba. Creen que soy *yijadi*". No sorprende: se ha dejado crecer el vello facial en mejillas y mentón, pero se rasura el labio superior, al estilo islamista. Y aunque es miembro del ESL, simpatiza con Jabhat al Nusra: "Son disciplinados, los mejores *muyajidín* (guerreros)".

Varios comandantes con los que he hablado anticipan que, más allá de las escaramuzas ocasionales, el ESL tendrá guerra con Al Nusra "el día después de la caída de Assad". Otros creen que ocurrirá antes, para regocijo del presidente, porque las tensiones se incrementan. Entienden que se trata de un proyecto foráneo para montarse en la rebelión e imponerle un futuro a Siria, tienen celos de su eficacia militar y resienten la competencia cotidiana por reclutas, armas y provisiones. Omar no lo ve así: "Muchos creemos que el ESL tiene que colaborar con ellos".

La oficina/hogar de APC es más caótica que las de Halab News, pero me resulta más cómoda porque la religión no es relevante. El único que reza ahí es Omar. Esto no le brinda paz mental, sin embargo, porque parece creer que debe cubrir una cuota regular de muertes.

A Amariya, uno de los frentes de combate más duros de Alepo, llegamos en taxi. Cruzamos un pequeño punto de control establecido por los rebeldes para mantener a los civiles lejos de la batalla y Omar corre a unirse a un grupo que planea atacar una posición enemiga. Son seis jóvenes de entre 18 y 30 años, que caminan con las armas al hombro: rifles de asalto, una ametralladora ligera y un lanzador de granadas autopropulsadas.

Los sigo por una calle enmarcada por edificios semidestruidos, que albergan restos de talleres mecánicos, y salpicada con vehículos despedazados y maquinaria arruinada. A los aficionados al cine de ciencia ficción, esto les parecería el escenario de un film apocalíptico, el regreso a la ley de la selva tras el fin de la civilización. Futurista… pero retro, porque todos estos armatostes parecen haber sido fabricados en los años sesenta.

Mahmoud hace guardia en la posición fortificada a la que

llegamos. Describirla así, debo advertir, es una peligrosa exageración. Se trata de un edificio sólido, de gruesas paredes de cemento, con una salida pequeña de un lado, para personas, y del contrario, otra grande, de vehículos. En ésta se ha colocado un par de puestos de vigilancia protegidos por sacos terreros y dotados de aberturas para sacar los cañones de las armas.

Del techo, de unos cuatro metros de alto, caen dos cortinas metálicas sobre las que da el sol, allá afuera. La luz crea un efecto muy bello al entrar por decenas de hoyos en la lámina, unos más delgados, otros más gruesos, dependiendo del calibre de la bala que los abrió. Esos telones removibles engañan al darnos una sensación de seguridad: en realidad, nos impiden ver si alguien va a dispararnos y por dónde. Si entrara algún objeto un poco más grande, como un obús de tanque o de artillería, no tendríamos oportunidad de salvarnos.

Eso no parece molestar a Mahmoud y sus compañeros. Se muestran relajados, de buen humor. Del otro lado de las cortinas metálicas, hay una avenida transitada que es la momentánea frontera a defender contra las tropas del régimen, que se esconden pocos metros más allá, detrás de unas bardas. Los arriesgados que transitan por esa vía sin duda van implorándole a su dios que no los atrape un intercambio de disparos. Y sin embargo, circulan. Calculo que 30 o 40 vehículos por minuto. Así vive la gente en Alepo.

De manera que es esto lo que sí incomoda a Mahmoud: coches y camiones que lo hacen perder visibilidad y quedar expuesto a que, tras pasar alguno, entre una bala por la mirilla y le penetre en la cabeza por el puente de la nariz. En varias ocasiones, justo cuando ha visto un casco enemigo o ha tenido a algún soldado en la mira, se atravesó un conductor civil. "Lo dejé perder. No tiro contra gente", afirma sin retirar los ojos de un punto exterior ni aflojar el dedo sobre el gatillo. Dispara sin aviso ni siquiera soltar un *Alaju ákbar* preventivo. Dos proyectiles. Estoy tan cerca que los truenos me dejan un silbido en los tímpanos. Nada se mueve en el rostro de Mahmoud. Sigue atento. "¿A qué llamas gente?", me extraño, "¿los soldados no son gente?" "Ellos no, son perros asesinos. No merecen más que la muerte".

"Yo no perdería la oportunidad de eliminar a uno de esos perros sólo porque cruzó un civil", interrumpe Omar, quien repite que no aguanta la urgencia de acabar con alguien. Por primera vez, Mahmoud se distrae de su misión y lo repasa con la mirada. "No fanfarronees porque hay un periodista", ensarta las palabras con severidad, "pues cuando mates al primer hombre, verás que también tu vida se irá con él".

Ambos tienen 21 años.

NIÑAS DE SIRIA, NIÑAS DE BOSNIA

A toda persona emocionalmente sana la horroriza la guerra. Y hay gente que asume que los reporteros que vamos a cubrir conflictos tenemos algún problema grave, como pasión por la sangre o adicción a la adrenalina. Lo cual puede ser cierto en algún caso, pero la mayoría estamos casi tan espantados como cualquiera ante la violencia generalizada. Precioso "casi" porque, a fin de cuentas, nos resulta necesario desarrollar cierta tolerancia ante lo inaceptable (la muerte, el peligro) para poder realizar nuestro trabajo. En medio del espanto, están los crímenes que hace falta atestiguar para poder denunciarlos, así como los ciudadanos comunes cuyo heroísmo merece ser contado, para seguir su ejemplo. Hay quienes esperan que de las guerras sólo se diga lo infame. Por distintas razones, entre las que están las de quienes estiman que mostrar los aspectos positivos, incluso humorísticos, es minimizar la tragedia de las víctimas.

A quienes sufren no se les hace ningún favor si se elige contar sólo su catástrofe: es otra forma de deshumanizarlos, de convertirlos en impotentes objetos de misericordia. De eso están llenas las pantallas de TV y, para los espectadores, el drama pasa a ser uno más de los espectáculos a descartar con un clic en el control remoto. Cuando perdemos de vista la complejidad de los seres humanos y su entorno, acabamos con cartones de telenovela que es fácil desechar cuando aburren.

Es falso que absolutamente todo sea terrible en la guerra. Como escenario en el que se exacerba cada aspecto de lo humano, se agudizan los comportamientos más bestiales, pero también los más sublimes. Y las cosas sencillas adquieren otro valor.

De las que hice en Alepo, mi foto preferida es la de unas niñas que están jugando en un recinto oscuro en el casco viejo: tienen que quedarse ahí porque detrás, a la luz del sol, está la avenida Akiul, expuesta a las miras de francotiradores del régimen que, desde una distancia de unos 500 metros, ya han asesinado a vecinos y familiares, incluida Salma y otras personitas pequeñas y graciosas como ella. Se escuchan los tiros y las bombas todo el día, todos los días. Pero las niñas tienen que jugar. Se toman de las manos, se miran a los ojos y crean círculos de risas, el espacio estrecho de un mundo donde no hay lugar para la muerte: no cabe más que la diversión.

Claro, la gente padece en niveles enormemente mayores que en tiempos de paz. Y también trata de reír porque tiene que hacerlo: ¿cómo se puede sobrevivir en permanente tristeza? Para seguir adelante, en la guerra como en la paz, hace falta la energía vital de la alegría. Muchas personas ríen en Alepo, civiles y combatientes. ¿Acaso tengo que pintar nada más que el desconsuelo?

Hace diez años, en una playa de Tulum (una playa de la península de Yucatán), dos amigos y yo conocimos a una muchacha bosnia, hermosa de los pulgares a las cejas, de los ojos hasta el alma. ¡Qué bello espíritu en bikini! Desde muy pequeña había tenido que compartir el exilio con sus padres. Una mañana nos enseñó sus cicatrices: varias en la cabeza, porque siendo una niñita, estaba en el mercado de Sarajevo cuando fue bombardeado y hubo una masacre. Otra marca, en la cadera. Un francotirador aprovechó que jugaban en la calle para disparar contra ella y sus amiguitas. Tenían seis años de edad. Una de las chiquitas murió. Pero esta nena, la que conocimos, creció para convertirse en una persona encantadora, muy dulce y generosa. No se percibía en ella ninguna clase de odio. Sólo alegría.

A SANGRE FRÍA

La de Salaheddine ha sido una de las batallas más cruentas de la lucha por el control de Alepo. Se puede sentir —no sólo ver— claramente tras seis meses de enfrentamientos.

En uno de los límites del barrio, al sur, la gente trata de tomar un taxi y un padre camina con su mujer y su hija frente a un edificio de apartamentos demolido por un bombardeo. Nadie voltea a verlo, se ha incorporado al escenario urbano como una fuente fea que a nadie le gusta, pero tampoco importa. Avanzando hacia el norte, la intensidad de la vida cotidiana se va reduciendo en la medida en que la destrucción crece. Por ahí, un hombre se esfuerza en mantener funcionando un café, que anuncia utilizando montones de escombro como base para sostener un colorido cartel. Nos invita, amablemente, a degustar su bebida, llamada *qahwa* en árabe.

Después está el frente de combate: un conjunto de manzanas en el que no está claro cuál es la línea divisoria, es imposible saber quién y de qué bando está en cada edificio, en cada piso, en cada habitación.

Los guerrilleros avanzan por el laberinto de hoyos abiertos a pico, desplazándose en penumbras sobre fragmentos de yeso y madera, gritando *"Alaju ákbar"* a manera de aviso y como llamado a recibir un saludo similar, signo de que —posiblemente— están a punto de encontrar amigos.

A la azotea de uno de los edificios más altos se debe subir gateando, con uñas y pies, a través del cubo de una escalera destruida. Arriba, dos adolescentes se preparan para matar como adultos. Uno, Hassán, tiene 18 años. Del otro no se puede decir el nombre porque su familia vive en la zona controlada por el régimen y pagaría las consecuencias. Su edad es de 16 años. Parece que sí, porque la juventud se muestra en su piel, en la delgadez de su cuerpo y en su mirada. Parece que no, porque al sostener el rifle de mira telescópica y apuntar, frunce seriamente el ceño y se dispone a hacer lo que nadie, ni chico ni grande, debería tener que hacer.

Estamos entre platos de antenas satelitales. Es un escenario atractivo para hacer la foto. Original. Y bajo la mira, a unos mil metros, tienen una avenida ancha que marca el fin de Salaheddine, un punto dominado por el gobierno en el que puedo ver gente caminando. Todavía mejor, porque al hacer la foto del niño-*canás*, pondré en foco el lugar hacia el que apunta.

Aunque allá, sólo veo civiles.

Se acaba la calle y el barrio, hay una franja de tierra levantada, probablemente a causa de los bombardeos, y después el principio de un boulevard de palmeras en el que, alargando el telefoto de la cámara, distingo una barricada de sacos terreros y obstáculos de cemento, pintados con los colores de la bandera del gobierno: un punto de control del ejército. Pero los soldados no están a la vista: se saben expuestos a los disparos de los francotiradores rebeldes. Desde sitios a cubierto y dispuestos a matar, exigen documentación e interrogan a las personas y las familias que tienen que cruzar por ahí. Debido a cualquier sospecha, detienen a gente que jamás vuelve a aparecer viva. Aunque cada día, el río Cueic, cuyas aguas fluyen de norte a sur y pasan por la zona gubernamental antes de correr hacia la opositora, traen algunos cadáveres de torturados que fueron vistos por última vez cuando, precisamente, habían salido a trabajar o estudiar al lado del régimen.

Hassán y su amigo actúan con la seguridad de quien sabe bien lo que hace. Esas personas podrían ser sus parientes. Entiendo que no las van a herir, pero... ¿y el susto de ponerlas de pronto en medio de un tiroteo? ¿Qué ocurre si estos chicos logran herir a un enemigo y la venganza cae sobre la gente inocente que está al alcance? Afinan la mira telescópica mientras buscan un objetivo. De pie, a seis pisos de altura, ellos mismos ofrecen un blanco relativamente fácil. Como nosotros, tres reporteros.

Han tardado unos cinco minutos en encontrar lo que buscan. Ya van a disparar. Toda la brutalidad del periodismo de conflicto me cae encima: ¿Qué hago yo ahí? Dos muchachos están a punto de matar a un ser humano. ¿No debería, como cualquier otro, impedir eso? No es mi tarea, debo ser un testigo en total pasividad. Igual pienso que soy un idiota con esta curiosidad por los *canasín*. Si ya es bestial el enfrentamiento entre dos seres humanos, lo que estoy por observar tiene el agravante de la sangre fría. En el conflicto en Alepo predomina la brutalidad meditada. Y es cierto que estos chicos vienen a hacer un par de disparos mientras la fuerza aérea siria arrasa barrios residenciales y el ejército lanza inmensos misiles Scud que pulverizan decenas de vidas en un instante.

Aún así, me siento culpable, avergonzado y fuera de sitio. No es algo racional, los informadores tenemos una misión importante, que es la de documentar todo lo que hacemos los seres humanos, lo bueno, lo malo y lo inmencionable. Estoy abrumado por horribles emociones cuando ¡bang!, dispara Hassán, y ¡bang, bang!, insiste. Lo ha hecho impasible, no percibo una excitación juvenil, no soltó un *Alaju ákbar*, parece estar haciendo un trabajo simple y aburrido. No hay más tiempo para pensar. Empezamos a recibir fuego que pronto adquiere tal intensidad, y proviene de tantas direcciones, que me sorprende que hayamos podido pasar tanto tiempo ahí arriba, preparando el ataque y componiendo fotos, sin ser descubiertos. Las balas truenan en las antenas al golpear, alrededor de nosotros. Los chicos les indican una vía de escape a mis colegas, pero la insensatez no me abandona, atraído por la imagen de esos adolescentes que me esperan, que hacen ademanes para hacerme salir de ahí, cubriéndose con la multitud de delgados platos satelitales. Y hago un par de fotos, poniéndonos en riesgo.

Corremos pisos abajo, atravesando puertas irregulares y sin marco, utilizando la cobertura de mantas y sacos para cruzar calles y llegar hasta la zona relativamente segura donde a los francotiradores los esperan sus camaradas. Es un local junto al que han construido un pequeño cubículo de tela que sirve como puesto de vigilancia. Hassán se sienta dentro de él, con el arma lista para disparar si es necesario, el ojo atento a posibles ataques. Deja el fusil porque recibe una llamada por el teléfono móvil. Atiende. Es su madre. Él musita que está bien, que no se preocupe, pasará la noche allí y llegará a la mañana siguiente. Después me asegura que ella se quedó tranquila.

Hago la pregunta cuya respuesta temo, pero sin la cual no estaré tranquilo. "¿Atinaste? Mataste a alguien?" El joven dice que sí. No le creo. Él y su amigo habrían gritado "¡*Alaju ákbar!*" de inmediato, allá arriba, y los habrían recibido entre vítores.

Ahora celebran con revuelo, pero por otra causa: la *katiba* recibe visitas, un húngaro, una francesa y yo somos bienvenidos por los guerrilleros, que nos invitan a beber con ellos.

Mate. Cuando me preguntan que si quiero mate, no alcanzo a entender. Pienso que me ofrecen *mantı*, un plato de ravioles con yoghurt típico de la vecina Turquía. No, es yerba mate, que se sirve en un pequeño vaso con agua caliente y se sorbe con bombilla.

Lo prepara Walid, un joven de barba espesa, con una camiseta azul y el cabello cubierto por una tela blanca. Quien quiere la infusión guaraní —aunque aquí no se tenga idea de qué es guaraní— recibe un recipiente propio. No gira entre los combatientes, como tampoco lo hacen el té y el café. El papel del cebador se acaba tras hervir el agua y verterla.

Mi sorpresa les hace gracia. Están contentos y, como si fueran una hinchada que entona cánticos para su equipo de fútbol, repiten una fórmula que no he escuchado en otros países musulmanes, sino sólo en entusiasmados jóvenes sirios: *"¡Takbir!"* (¡díganlo!), grita uno. *"¡Alaaaaju ákbar!"*, responde el coro. *"¡Takbir!" "¡Alaaaaju ákbar!"* Con el regocijo de un fan que grita en un concierto.

De 25 años, Mahmoud, un antiguo soldado gubernamental que desertó para sumarse al Ejército Sirio Libre, es el primero que da sorbos al mate. Cuenta que es suní y que cuando estaba en las fuerzas rebeldes, los mandos tenían un enorme temor de que los de su secta se pasaran al enemigo. Todos los días los ponían a mirar el canal oficialista de televisión, en el que se narra la heroica lucha contra los terroristas y para salvar al país de Al Qaida. Estaban bajo vigilancia de sus compañeros, bajo amenaza de muerte, a pesar de lo cual, Mahmoud logró escapar en la confusión de una batalla y cambiar de bando.

El aspecto mediterráneo de estos hombres me lleva a imaginarlos en las pampas, bajo ponchos por la noche, rasgando las guitarras alrededor del fuego, después de un duro día e igualmente armados. Aquí en Alepo, la música corre a cargo de los bums de los bombas y los cracks de los fusiles, huele a basura y a la descomposición de la muerte. En el campo abierto, a ellos los acompañarían los rumores de las vacas, el aroma del cuero y la limpia fetidez del estiércol.

La explosión cercana de un obús sacude los vasos llenos de mate, té y café. Nadie se inmuta: acaso ni siquiera la percibieron, tan domadora es la costumbre. Estiran los brazos, sujetan los recipientes, unos llevan los labios a los bordes, otros las bombillas a las lenguas. Siguen conversando.

Si los sirios les regalaron a los argentinos destacadas figuras que hicieron historia, incluso en la presidencia de la república, los rioplatenses correspondieron con el mate. A mediados del siglo XX, en uno de tantos olímpicos altibajos de la economía conosureña, retornaron a la Mesopotamia milenaria muchos hijos de quienes habían emigrado un siglo antes a la Mesopotamia sudamericana y regiones adyacentes.

Llevaban todo el bagaje cultural de las selvas y los puertos, incluido el mate, que muy pronto se convirtió en una moda de las clases pudientes del país, una forma de marcar una diferencia con los sectores que no podían pagar el costo de este producto, importado desde las remotas tierras de un continente de cuya existencia sólo había una prueba disponible: la yerba que llegaba en las bodegas de los navíos a los muelles de Tartús y Latakkia.

Cuando los alauíes conquistaron el poder político y económico con el difunto Hafiz al Assad, adquirieron también los hábitos de los ricos y en sus reuniones, el mate ganó carta de legitimidad al lado de las bebidas tradicionales.

Las revoluciones, sin embargo, son hechas para igualar. "Cuando conquistamos posiciones del ejército, además de armas y equipo, capturamos las provisiones de yerba de la oficialidad alauí", explica Mahmoud, el ex soldado. Además del placer intrínseco de beber mate, disfrutarlo es una temprana victoria insurgente, símbolo de la fuerza de los alzados.

Hassán y Gawad, un agradable chico de 17 años que se encarga de levantar imágenes para los videos de la *katiba*, aceptan posar para mi cámara con fusil, vaso, bombilla y yerba. Detrás de ellos, está el desastre: el barrio de Salaheddine en ruinas. Con sonrisa de anuncio publicitario, Hassán muestra el paquete del producto: bella caligrafía árabe. Lo voltea, y la etiqueta está en castellano. La marca es *Kharta Khadra*. Otra leyenda dice: "Origen: Argentina".

¿Y la guerra? "Es la hora del mate, che", replica, afable, Gawad. No, no dijo "che". ¿O sí?

¿Por qué están muriendo, mamá?

"Quiero preguntarte, ¿cómo se supone que se debe sentir una mujer cuando ha perdido a su marido, a su hijo, a su hermano? Si los matan a todos, ¿cómo puedo vivir como mujer? ¿Cómo puedo criar a mis hijos? ¿Me lo puedes decir, querido?" Givara se ajusta un poco la ropa, al lado de una barricada cuyo elemento principal es el esqueleto de un coche aplastado. Su imagen es contrastante: las botas de tacón alto le dan un aspecto urbano, moderno; el *jiyab* complejo de color gris, con el que se cubre el pelo y el cuello, sugiere que es una musulmana practicante; la chamarra de camuflaje y el rifle austriaco con mira telescópica revelan que es una combatiente; con mayor precisión, una *canasa*.

"Ves gente caminando y dos minutos después, los vuelves a ver y ya son sangre, pedazos de carne", lamenta. Es la normalización del terror: las bombas de la muerte se han convertido en parte de la vida. Givara tiene 37 años y pertenece a la *katiba* Al Waid (La Promesa) del ESL. Antes era maestra de inglés, pero las matanzas de manifestantes pacíficos la convencieron, como a tantos otros, de que no había más salida que la lucha armada: "¿Qué podíamos hacer? ¿Seguir mirando televisión?"

Momentos antes, a unos metros, un joven que cruzaba una calle se salvó por un pelo de morir por una bala. Un francotirador está disparando sobre una calle que desde hace semanas se pensaba liberada de hostigamiento. Aunque aquí cerca ya hay algunos chicos advirtiendo a las muy escasas personas que se aproximan, es un problema mortal porque cuadras adelante no están al tanto y cualquiera se puede poner en la mira.

Como *canasa*, la tarea de Givara es combatir a rivales como ése. Pero él está en una posición elevada, con ventaja, en tanto que ella, desde la calle, apenas con la cobertura de unos tabiques y unas mantas, queda demasiado expuesta. Lo mejor que puede hacer es distraer al enemigo para ganar tiempo mientras los muchachos corren a avisar.

No le fue fácil hacerse respetar por los combatientes hombres, que en una sociedad conservadora como la siria, de las mujeres esperan que se mantengan en la retaguardia. Ella les explicó que "no estaba dispuesta a ver a mis hijos convertidos en pedazos de carne" y que si "las mujeres siempre han luchado como los hombres por defender a su familia, ¿por qué no pueden luchar con las armas para defender a su país?"

Tres hombres han caído bajo su arma, afirma Givara. No tiene remordimientos: "Iban por ahí, riéndose y matándonos a sangre fría. No creen que seamos el mismo pueblo, la misma nación. Nos matan y ríen".

"Soy de Palestina", exclama, aunque nunca ha estado en ese territorio. Su familia es originaria de Acre, una ciudad árabe en el norte del actual Israel, y tuvo que escapar al exilio en Siria en 1948. Los recuerdos de la guerrillera se interrumpen cuando escuchamos una fuerte explosión en la calle vecina. "¿Puedes oír las bombas? Bashar ha matado nuestros sueños".

Su marido llega en un coche con otros dos guerrilleros. Es el jefe de la *katiba*. Creo que lo común entre los esposos árabes sería que se sintieran incómodos con una mujer combatiente. Él lo ve normal. "Dice que no puede detenerme porque soy muy terca", ríe Givara.

Comento que para sus dos hijos, de ocho y de diez años, la vida será especialmente dura, aunque acabe la guerra. "Ellos sólo escuchan las bombas, las armas, ven a gente que muere en las calles", responde la mujer. "Me preguntan: '¿por qué están muriendo?' No puedo decirles nada, sólo me siento muy triste. Le dije a mi hijo: Éste es el precio de la libertad, amor mío. Si quieres vivir como un hombre, tienes que defender la libertad".

INCÓGNITAS DE UN SECUESTRO

Hubo fuertes combates durante la noche en la colina del barrio de Izaa, el de la *katiba* cómica de Abu Ali. La de Yamil, el chico que murió. Desde esa altura, las balas perdidas volaban a los barrios de los alrededores. Las escuchábamos golpear frente al Aleppo Press Center, del que hicimos un intento de salir a buscar comida. Regresé porque, en las calles totalmente a oscuras y sin saber qué era lo que estaba pasando —¿a qué grupo armado querías encontrarte en esa situación?—, me pareció que era un riesgo innecesario. Andoni Lubaki, mi colega vasco (que no español, le aclara al que se le acerca, siempre con un gran sentido del humor), se fue con un acompañante armado, Sultan, por un rato, pero regresaron sin nada.

Esta mañana tengo que escoger entre dos planes: uno es ir al sanatorio mental Ibn Jaldún, para conocer la situación de sus pacientes; el otro, encontrarme con los chicos de Halab News para que me lleven a conocer a un médico del que me han hablado, uno de esos doctores alepinos de leyenda que mantienen funcionando las clínicas de campaña en condiciones increíblemente precarias: sin personal, sin material, con el peligro permanente de que los aviones bombardeen el improvisado local donde funciona. Eso es lo que hicieron con el famoso hospital de Dar al Shifa, hoy convertido en polvo con sus heridos, sus galenos y sus adolescentes voluntarios. Cortesía de Bashar al Assad.

Me preocupan los chicos de Izaa, sin embargo. ¿Cómo les habrá ido anoche? ¿Tendrán heridos? ¿Más mártires que han seguido el camino de Yamil? Andoni, quien conoce muy bien a esos combatientes, el húngaro Balint Szlanko y yo decidimos subir a ver qué ocurrió. Nuestra colega francesa, Camille, una aventurada muchacha de 21 años (la periodista más joven que ha tenido en el APC, anuncia Abdullah con más preocupación que regocijo), prefiere ir a otro lado.

Antes de salir, reviso Facebook, hago algunos comentarios y me paso, como hago de tanto en tanto, por la página del desaparecido "George" para ver si hay noticias, o acaso una maravillosa sorpresa.

Es 22 de enero y uno de sus amigos acaba de escribir:

"¡Anoche lo vi en sueños! Estaba totalmente bien y feliz y parece que no quería que nadie supiera de él".

Le di uno de ésos "me gusta" que no esconden el pesar.

Ayer, en la visita a Salaheddine, fue la primera vez que trabajamos en grupo. Hoy, repetimos. En cuanto a medidas de protección, hay hipótesis opuestas: algunos compañeros dicen que la discreción es lo mejor, que no sepan que estás ahí, muévete solo y en silencio. Yo comparto esta idea, aunque hace unos años, en Teherán, fue la rápida movilización de un cuarteto de reporteros con el que venía lo que logró evitar que me detuviera la policía secreta. Por otro lado, aunque estar acompañado puede darte visibilidad excesiva, te hace sentir más seguro. Vamos tres periodistas, en una camioneta todoterreno, guiados por Aref, que conduce, y protegidos por Sultan con su kalashnikov. Como nos dirigimos a un lugar en el que hemos estado varias veces y se trata de la *katiba* de Abu Ali, creo que hay razones para estar tranquilos.

Pasamos por dos avenidas asoladas por *canasín*, que en días anteriores habíamos cruzado corriendo. Ahora no les da tiempo de disparar. Llegamos a una bocacalle donde torcemos a la derecha. Aquí hay un sillón de sala que siempre vi ocupado por dos o tres guerrilleros vigilando. Pero ahora está vacío, no hay nadie. Son las 11 de la mañana cuando Aref aparca y, mientras apaga el motor, anuncia: "A partir de aquí, vamos caminando".

¿Por qué? Me estoy haciendo la pregunta cuando veo a tres tipos con los rostros ocultos con pasamontañas negros que corren hacia nuestro vehículo, apuntándonos con los rifles. Uno de ellos le grita a Aref. Aquí y en otros conflictos, he visto a gente armada haciendo bromas bastante pesadas y peligrosas. Ayer, en Salaheddine, fotografié a un tipo que posaba para mí colocando el cañón de su fusil en las cabezas de sus compañeros, que miraban hacia otro sitio y no se dieron cuenta. Quiero creer que de esto se trata, de chistes estúpidos. Aref y Sultan levantan las manos.

No, no es juego. No sé quiénes son, si vienen por nosotros, si nos van a matar ahí mismo o nos secuestrarán. Actúo con frialdad, obedezco rápidamente las instrucciones, grito en árabe "¡*tamam, tamam!*", "¡está bien, está bien!", para que vean que no oponemos resistencia, me dejo amarrar las manos a la espalda y camino a la camioneta en la que nos suben a Balint, a Aref y a mí. Percibo la acción como si estuviera ocurriendo en cámara lenta. Y a pesar de la sorpresa, me llega una sensación de profecía cumplida. Como si me dijera: "Pues sí, sabías que iba a pasar. Aquí está, llegó. Ahora, arréglatelas para salir vivo".

Arrancan varios vehículos. Uno de ellos advierte "¡*canás, canás!*" al cruzar algunas calles. Utilizan radios para comunicarse. Ya que a mis amigos les han cubierto los ojos pero a mí no, simulo que miro hacia abajo y al mismo tiempo, espío por dónde vamos: avenidas con tráfico, ruidosas, los veo sacar la cabeza para gritar "¡*yala, yala!*" y hacer que abran paso, no se están cuidando de llamar la atención. El conductor descubre que estoy mirando y grita, me arranca las gafas y las arroja al piso en la parte delantera. Su compañero me acerca el arma a la cara para amenazarme, se quita la capucha y trata de ponérmela, al revés, para taparme los ojos. Le cuesta trabajo, va descubriendo que estoy muy, muy cabezón. Me pregunto si auxiliarlo o no, necesita mi ayuda pero no sé si brindársela es algo tonto. La tela es flexible, no obstante, y el tipo consigue hacer pasar mi nariz, que queda aplastada por la prenda.

En varios momentos se voltea a golpear en la nuca a Aref, entre parrafadas en árabe de las que sólo alcanzo a entender "Liwa al Tawheed", el nombre de una de las milicias más importantes del ESL, como si lo acusaran de pertenecer a ella. Nuestro guía insiste en que todos somos *sajafiyín*, periodistas. Al poco tiempo, nos detenemos en algún sitio y sacan a Aref de la camioneta. Vuelven a arrancar. Tengo miedo por el chico sirio, pues son comunes los casos de secuestro en los que se considera que los lugareños que acompañan a periodistas son un inconveniente y los asesinan.

Desde que nos capturaron, no han pasado diez minutos cuando llegamos a un espacio abierto y, a pesar de la tela negra que me cubre, percibo las siluetas de personas inmóviles, como si estuvieran esperando algo. Voces de mujeres, de niños y hombres. Escucho un rumor de sorpresa mientras nos bajan a empujones: tres extranjeros atados y vendados, ¿pensarán que somos enemigos, espías, criminales? Mientras nos conducen a un edificio con puertas anchas, una figura delgada, como la de un chico de doce años, se acerca a golpearme. Apenas logra rozarme el hombro, creo que lo han detenido.

Nos hacen entrar al lugar. Hay un pasillo y después, escaleras amplias, las de la izquierda suben, pero nos llevan por las de la derecha. Recuerdo una vez en la que policías corruptos en Kirguistán me detuvieron para tratar de extorsionarme. También me condujeron a un subterráneo con celdas cuyas puertas golpeaban para hacerme sentir que, si las cerraban conmigo adentro, no se volverían a abrir. Tenían la sobrecogedora actitud de omnipotencia que aprendieron de los soviéticos mezclada con una profunda ineptitud. Pero aquella vez logré escapar...

De pie, piernas abiertas, frente pegada a la pared. Tengo a Balint a la derecha y a Andoni a la izquierda. A él lo han traído en un coche, solo. Del joven guardia sirio, Sultan, no hay señales.

Mientras revisan nuestros bolsillos, nos hacen preguntas. Quieren saber si hay judíos entre nosotros. Suena a rutina. Después, cuáles son nuestras nacionalidades. Insisten en que alguno es de Francia. No es buen momento para ser francés en estas tierras: aviones y tropas de París están atacando en Malí, en África Occidental, y destruyendo el incipiente y caótico emirato fundamentalista que crearon milicias ligadas a Al Qaida en la mitad del país que conquistaron el año anterior. Como eso no hizo muy felices a los huérfanos seguidores de Osama bin Laden, ellos han anunciado que los franceses son ahora su enemigo favorito en todo el mundo, eclipsando momentáneamente a judíos, estadounidenses y británicos. Pienso en Camille, en que es casi una bendición que no viniera con nosotros. De hecho, en este momento no sabríamos de ella, se la habrían llevado a otro lado, sola.

En situaciones así, uno persigue cualquier posible dato favorable. ¿Acaso podría ocurrir que, al comprobar que no somos franceses, se abriera un resquicio para que nos dejen ir? A Balint le quitan el pasaporte húngaro y, a mí, el mexicano. Pero Andoni no trae el suyo. Y además, él... es vasco, dice. Su interrogador lo acepta con un *"yes"*, como si lo entendiera, y calla. Cuchichea con alguien más. Pues no, no estaba tan claro. *"Where are you from?"* *"I am Basque!"*, insiste Andoni. *"Yes"*. Instante de silencio. Murmullos. Y lo que no queríamos oír. *"You are French"*. *"No, Basque!"* *"You are French!"* *"No! I am Basque!"* *"Vale Andoni, diles que eres español"*, sugiero de forma casi casual. El vasco refunfuña en algo que me suena a euskera. Se resigna:

"*I am esp...espanish*", suelta en un lamento que duele.

***

¿Saben quiénes somos, estaban esperando a los primeros que pasaran o nos capturaron por equivocación? Si se trata de lo último, tal vez nos dejen ir... O lo contrario: en un país en el que la vida se ha convertido en un bien desechable, haber secuestrado a tres periodistas extranjeros es un problema que uno se tiene que quitar de encima, y la manera más simple de hacerlo puede ser la desaparición del testimonio y la evidencia.

¿Cómo afectaría esto a Aref y Sultan, que sólo tienen 22 y 19 años? ¿Los habrán ejecutado ya?

En cambio, si nos conocen y nos quieren retener, ¿cuál será nuestro valor para ellos? ¿Qué representamos? ¿Un instrumento de chantaje, moneda de cambio para obtener concesiones como liberar a terroristas presos? ¿O buscan dólares? Si creen que somos una potencial fuente de riqueza, se van a llevar un chasco: han tenido el desatino de llevarse a periodistas que, a cambio de tener independencia, no disfrutan del amparo de grandes medios que puedan pagar por su libertad. Y que provienen, por si faltaran agravios, de naciones que no tienen poder político en esta parte del mundo ni destacan entre las más dispendiosas: Hungría, México y, ¡oh!, España... donde últimamente, no hay ni euros.

***

Hurgan en cada rincón de nuestras ropas y calzado. Nos quitan las cámaras, las chamarras, los chalecos antibalas, las grabadoras, los teléfonos móviles, los cuadernos con observaciones, nombres, números telefónicos y datos importantes... y, por supuesto, el dinero. Nunca cargo mucho efectivo pero semanas atrás me hicieron un práctico regalo, muy útil en casos de robo y, vaya fortuna, contraproducente en los de secuestro: un cinturón con una cremallera oculta que me dio demasiada confianza y que, mientras ellos la abren, les inspira comentarios de admiración: *"Oh, one hundred dollars!" "Oh, three hundred dollars!" "Oooh, more hundred dollars!"*

Como si manejaran un centro de detención profesional, colocan nuestras pertenencias en bolsas separadas. Un rato más tarde, nos hacen caminar por un corredor largo, con varias puertas a ambos lados. Avanzando en dirección contraria a la nuestra, alcanzo a distinguir que se mueven cuatro o cinco sombras de personas más pequeñas que nosotros, también en fila, con las manos en los hombros del de enfrente y cabezas agachadas. Pienso que son jóvenes sirios, tal vez adolescentes.

"Pueden descubrirse los ojos cuando salgamos", dice alguien, "pero deben tapárselos de inmediato cuando entremos". Suena un portazo. Pese a que es un gusto quitarme la capucha apretada, las cosas no mejoran mucho para mí: sólo puedo ver formas difusas, distinguir algunos colores. Mi debilidad visual se mide en -8 dioptrías. Dentro de mi secuestro, soy un desvalido. Éste es uno de esos momentos en la vida en que sería muy útil captar los detalles, ser capaz de percibir, por ejemplo, indicios de simpatía o peligro en tus captores, aspectos del entorno, elementos que te puedan salvar la vida. Apenas puedo establecer lo más evidente, como que estamos en una habitación amplia, que medida a pasos parece de 8 x 4 metros, que al fondo, en la parte superior, tiene una ventana estrecha y alargada que da al exterior al nivel del suelo. No hay mobiliario, salvo un radiador fijo apagado, mantas en el suelo... y un ejemplar del Corán para los cautivos. Es su manera de ofrecernos sopa de pollo para el alma, supongo.

En la calamidad manifiesta, las posibilidades de vivir más —unas horas, unas semanas o unos años—, de pasar este tiempo en libertad o en cautiverio y de hacerlo sufriendo torturas y tratos inhumanos o bajo una relativa benignidad, así como la suerte de nuestros dos compañeros sirios, dependen de otras cuestiones clave: ¿Quiénes son? ¿Por qué nos secuestraron?

La urgencia de descubrir las respuestas y el deseo atroz de que sea la mejor de las temibles opciones, comparten millones de sinapsis por segundo con la rapacidad del miedo, que actúa predatoriamente en contra del raciocinio y la esperanza. Peleamos con corazón y mente por ganar la calma que nos ayude a tomar las resoluciones correctas —dentro de las mínimas márgenes de decisión que tenemos—, por evitar caer en el peligro de la parálisis por terror.

Hay tres hipótesis básicas: son *yijadis* ligados a Al Qaida o similares, milicianos *shabihas* del régimen de Assad o una de las bandas criminales que medran en el apabullante caos del territorio que llaman liberado.

Si se trata de *yijadis*, pueden ser de los que se precian de seguir al detalle las enseñanzas del profeta y nos tratarán con relativa amabilidad... antes de decidir si nos matan con el preciso corte de una cimitarra en el cuello, como hizo Al Qaida con el periodista Daniel Pearl en Pakistán y como hace Jabhat al Nusra con los soldados del gobierno. Pero sería si creen que infieles como nosotros no gozan de protección coránica y nos hacen pagar con maltratos afrentas varias, como los bombardeos en Irak o la expulsión de los moros de España hace cinco siglos. En el remoto caso de que alguna potencia occidental accediera a cumplir sus demandas, en cambio, podría aguardarnos una iluminadora liberación... pero lo dudo.

Si son *shabihas*, nos va a ir muy mal, no hay duda. Esos tipo brillan entre las lumbres danzantes de la bestialidad y destacan como luna oscura en la noche de la renuncia del intelecto y el corazón. Hace un par de días, un activista me mostró un horrible video en el que un quinteto de brutos patea el cuerpo y la cara de un revolucionario que se arrastra en el suelo, hasta que alguien levanta un bloque de concreto con el que le aplasta la cabeza. Nosotros venimos de países con los que, en principio, la dictadura no tiene grandes problemas y, exprimiendo bastante el optimismo, nos las arreglamos para desear que a alguno de sus jefes le brille una luz en el cráneo y considere que a su ministro de Exteriores podría convenirle reservarnos una celda sucia, en una cárcel sobrepoblada, para guardarnos con miras a alguna jugada diplomática.

Si son criminales, no hay pronóstico plausible: sin valorar el nivel de abuso, pueden pedir recompensa por nosotros o vendernos a alguien, islamistas o *shabihas*. Pero tal vez —son muchas nuestras ganas de pensar así— tendrán interés en mantenernos vivos, pues si creen que somos una mercancía con un equivalente monetario potencial, nos conservarán en buen estado. O no.

***

Como neuronas incómodamente interconectadas, nos transmitimos el nerviosismo. Yo he entrado en modo de resistencia pasiva: guardar energías, calmarme, pensar de una forma ordenada, sin sobrecargarme. Me he tirado sobre una de las mantas y he conseguido relajarme, tanto que en algún momento dormito... vago por una pesadilla breve en la que me encuentro secuestrado con mis amigos, y en el sueño me digo que si despierto, toda esta angustia se desvanecerá. Abro los ojos. Seguimos atrapados.

Balint y Andoni reaccionan de la forma contraria. Caminan por el cuarto siguiendo sus contornos, en sentido contrario al de las manecillas del reloj. Uno va más rápido que el otro, éste se apresura pero pronto, los dos se desplazan a medio metro de distancia, Andoni presionando a Balint como un coche de carreras que trata de abrirse paso... hasta que el húngaro se detiene para gritar: "¿Por qué me estás siguiendo?" "¡Pero tío!, joder, ¿a dónde te podría seguir?"

Tranquilos. Se separan. El vasco retoma la marcha del otro lado de la habitación. Nuestro compañero también... pero muy pronto vuelve a escuchar a ese tozudo barbado resoplando detrás.

De cualquier manera, estar juntos es una ventaja invaluable. Nos podemos dar apoyo, compartir nuestra desazón e intercambiar los datos que cada uno ha podido reunir por su parte para tratar de resolver los enigmas de nuestro presente. Lo que vimos, escuchamos, sentimos... y mucha especulación.

¿Cuántos eran? Yo calculo que entre seis y diez. Para Balint, fue una docena. A todos, el traslado nos pareció breve y, dado que los ruidos de los combates siempre parecieron producirse a media distancia, concluimos que no cruzamos las líneas del frente y que seguimos en territorio rebelde. Por otro lado, nuestros captores corrieron por calles muy transitadas tan rápido como les fue posible y haciendo mucho ruido. Si pasamos algún punto de control, no tuvieron que detenerse ni dar explicaciones. Por lo tanto, no parece que sean *shabihas*.

El tamaño de las instalaciones que controlan sugiere que tampoco son simples delincuentes. Es un edificio grande en el que, a juzgar por la gente que esperaba afuera cuando nos trajeron, brindan alguna clase de servicio público. O tal vez son familiares de otros prisioneros. Esto parecer ser un centro de detención organizado: lo indican la fila de chicos que vi, el continuo golpear en puertas de gente que – suponemos— quiere que la dejen salir, el par de veces que alguien ha pasado preguntando por alguien a gritos y ha entrado a ver si está con nosotros, así como el hecho de que hay al menos dos personas encargadas de traernos de comer.

El ejemplar del Corán, la vestimenta tradicional y la barba larga de uno de estos conserjes alimenta la hipótesis de que son islamistas. El otro, sin embargo, es un muchacho que usa ropas tipo occidental. No escuchamos las grabaciones de cánticos religiosos que suelen poner estos grupos ni los oímos rezar.

En su mayoría, los sirios son religiosos. La diferencia entre las milicias islamistas y las que no llamamos así, es que las primeras quieren establecer regímenes fundados exclusivamente en El Corán y los segundos, prefieren hacer una división (hay diferencias sobre dónde trazar la línea) que le reserve un papel fundamental al Estado civil. Nos empezamos a plantear dudas sobre esta tercera opción: ¿y si existe una cuarta alternativa?

Ésta sería... que se tratara de uno de los múltiples grupos unidos bajo el paraguas del Ejército Sirio Libre. Aunque los hay de todo tipo y muchos de ellos se entregan al despotismo e incluso a la delincuencia, la postura oficial de los miembros de ESL es que son los buenos, muy distintos de esos cuestionables *yijadis* que tienen sueños horribles como bombardear Washington, y que las potencias occidentales deben confiar en ellos, apoyarlos con armas, dinero y cobertura diplomática. De manera que, pensamos, por la razón que sea que nos hayan capturado, no les convendría aparecer como secuestradores de periodistas, ni mucho menos como sus torturadores...

Así vamos buscando señales: alguien, cuando nos estaban registrando en el pasillo, se le escapó decirme las palabras *Free Syria*, un concepto que pensamos que corresponde más a un miembro del ESL que a un islamista; como no hemos recibidos más golpes que los que le dieron al principio a Andoni, y esos vascos de montaña saben aguantarlos, sospechamos que prefieren no maltratarnos, como querría el ESL; y en busca de otra prueba, Balint aprovechó un momento de distracción del conserje barbado para preguntarle que si esto era *Amin al Thawra*, el Buró de Seguridad Revolucionaria, una especie de policía militar del ESL. *"Aiwa"*, respondió el hombre, en lo que interpretamos como un descuido. "¡Sí!"

Apenas cierran la puerta tras salir, parece que tenemos fiesta. Por el cuello estrangulado de la angustia, trata de pasar un borbotón de certezas. No nos matarán. Nos tratarán bien. Resolverán sus dudas sobre nosotros (tal vez piensan que somos espías o que hicimos algo equivocado y verán que no es así) y nos devolverán la libertad en un plazo, digamos, razonable. "Una o dos semanas", calcula Balint. Mejor que seis meses. O que años.

¡Qué noticia maravillosa! Balint se pone manos al piso, piernas firmes y estiradas, y empieza a levantar y bajar el cuerpo. Para Andoni, lo apropiado es cantar. En euskera, claro está. "Es el himno vasco", aclara con ojos de niño agasajado. Sospecho que es una manera de exorcizarse después de las palabras impías que habían salido de su boca... como limpiársela con bellas kas, ches y dobles erres. *"Ertzainza, borroka, ikurriña..."* susurro dulcemente para acompañarlo en su alegría... *"¡euskal taberna!"*

Después me da por cantar una pieza que Andoni repite desde ayer. Es bonita, pero como nos la ha machacado sin piedad, llegó a inspirarnos furia insurgente. Ahora, por delicioso contraste, me sienta como la nostalgia de aquello a lo que regresaré: *"Ain't no sunshine when she's gone / It's not warm when she's away"*.

***

Pasan unos minutos y ahora, cada quien se embriaga en su propia fiesta. La situación me trae dos recuerdos. Uno tiene que ver con un paisano de Andoni, Mikel Ayestarán, un excelente periodista a quien conocí en Bengasi a mediados de marzo de 2011. Era un momento de gran inquietud porque no parecía que la ONU iba a autorizar ayuda aérea inmediata para los rebeldes y las tropas de Gadafi estaban arrasando la ciudad vecina, Ajdabiya, como paso previo a destruir donde estábamos.

Muchos colegas prefirieron correr a cubrir la guerra desde Egipto y los que nos quedábamos, mordíamos el nervio haciendo bromas sobre los navíos imaginarios que, se quería creer, enviarían algunos gobiernos a rescatar a sus compatriotas del sitio de Bengasi. A manera de chiste, el estadounidense Jon Lee Anderson prometió que se llevaría a un colega libio de apellido Gheriani, y el español Jorge Fuentelsaz le extendió la misma cortesía a otro desamparado, un tal Ayestarán, de un lejano País llamado Vasco. Yo declaré solemnemente que no aceptaría auxilio de países imperialistas ni nostálgicolonialistas, que si México no enviaba por mí ni un barco de papel, reclamaría la falsa ascendencia de mi segundo nombre para colarme en un buque griego, o aunque fuera grecochipriota... o, bueno, en realidad, en lo que se apareciera en el horizonte y yo pudiese alcanzar a nado. "¡Por supuesto que sí aceptaré la ayuda que me envíe mi rey Juan Carlos I!", lanzó Ayestarán, en proclama estentórea. "¡Que viva su majestad borbónica, y que viva España, España es sólo una!", remató entre carcajadas.

Por suerte, con sus aviones, Nicolás Sarkozy nos salvó a todos del momento de cumplir.

La segunda remembranza corresponde a marzo de 2006: fuertes dolores en el hígado me llevaron al hospital en Chiang Mai, una ciudad del norte de Tailandia. Al radiólogo, que era muy simpático, se le fue la sonrisa cuando detectó algo con el ultrasonido. Se puso muy serio. Y comunicó: "Debes regresar a tu país de inmediato. Creo que tienes un tumor en el hígado".

A la mañana siguiente, una tomografía reveló que se trataba de otra cosa: "No es un tumor" "¿En serio? ¡Sensacional!" "Lo que hay es una infección brutal de amebas que está a punto de hacerte estallar el hígado". "Pues muy bien, mejor que el cáncer". "Urge operar". "¡Imagínate la quimio!, genial que se pueda operar". "Es que... se trata de un procedimiento muy doloroso". "Y... bueno. Sigue siendo mejor".

Si me hubiera dicho desde un principio que me abrirían para succionarme el hígado, no me hubiese sentido tan aliviado. Lo mismo hubiera pasado si, estando tranquilos, nos hubiesen informado que estamos acusados de espionaje y que nos apresaría una milicia del ESL. Veníamos del extremo contrario, sin embargo, sospechando que nos podrían torturar horriblemente y asesinar. Cuestión de perspectiva.

***

De todos modos, seguimos sumidos en las especulaciones. Sé que hay cosas que no quiero ver. Hace unas horas, en un momento en que nuestros captores tenían la puerta abierta, escuché el sonido de alguien que gritaba con intensidad. Parecía de dolor. Fue demasiado breve, sin embargo, y nada claro. "¿Qué fue eso?", dejé a mi inquietud preguntar en voz alta, pero aunque los tres lo oímos, quisimos cerrar el asunto en un instante porque no era suficiente para estar seguros de nada. ¿O es que tenemos prisa por descartar las malas señales? Por ejemplo, la incogruencia de que queramos pensar que nos capturó un organismo "oficial" del ESL a pesar de que sus hombres tuvieron que encapucharse para detenernos... No sé. Esto es una guerra, en todo caso, y en la guerra las cosas no suelen regirse por las reglas de la lógica.

Yo tengo, además del de la vista, otro problema grave qué atender, sobre todo si nos estamos preparando para un largo periodo a la sombra. Para sorpresa de los médicos, a mi edad aún temprana padezco de un crecimiento excesivo de la glándula prostática. Esto es algo que a todos los hombres nos estremece. Recuerdo una vez en que un guardia fronterizo egipcio halló las pastillas en mi equipaje y me las mostró como si fueran drogas ilegales. Con decir la frase mágica, "son para la próstata", el tipo reaccionó arrojándolas de regreso como si lo fueran a contagiar. El mío es un asunto en el que, además, influyen extraños factores psicológicos, porque durante este tiempo en Siria el caprichoso órgano se había portado muy bien, pero ahora, que sé que mis movimientos están limitados, me atosiga con sensaciones de urgencia para orinar todo el tiempo. La primera vez fue fácil: me puse la capucha al revés, golpeé la puerta, abrieron y nos llevaron a los tres (les dijeron a mis compañeros que ahora o nunca), marchando en fila, al baño. La segunda vez, fracaso: abren la puerta, ven al mismo tipo que los llamó antes, parado con la capucha puesta al revés, y simplemente dan un portazo.

La cosa se pone mal. Volteo a mirar a mis queridos compañeros, sin poder distinguir sus rostros... pero los dibujo en la mente: no creo que mantengan su lealtad incuestionable si lo hago en el piso. Me planteo buscar una forma de lubricar el radiador de pared, acaso tendrá algún orificio, pero no parece posible. "¿Ven alguna botella?", suplico. Vaya, ¡hay suerte! Los colegas me señalan una en un rincón, hecha de plástico y de litro y medio de volumen, semillena con lo que parece una bebida de color rojo, que me viene perfecta. Por el momento. Porque, ¿cuánto tiempo tardaré en llenarla? ¿Qué harán los captores al descubrir mi truco? Eventualmente nos llevarán al baño y yo tendré que traerla conmigo para vaciarla, pero, ya que apenas puedo ver, ¿cómo podré detectar si les parece un atrevimiento que yo vague por ahí con un recipiente a rebosar de un líquido con una extraña combinación cromática?

Mientras cae la oscuridad, y escuchamos en las cercanías cómo se elevan los obuses que disparan los morteros hacia las posiciones gubernamentales, me siento cada vez más preocupado por la gente que quiero. Como en otras ocasiones, he montado un mecanismo para que me puedan seguir y verificar que estoy bien. Ya hace horas que me debí haber reportado y me pregunto si Isabel, que desde Madrid es la primera responsable de dar la voz de alarma, estará empezando a preguntarse lo que debería estarse preguntando, y qué emociones la sacudirán. Esto se producirá en cadena, uno a uno se irán asustando... hasta que la noticia alcance a mis padres, a quienes les llegará, a pesar de que pedí expresamente que no se los involucrara. Hay, además, una situación muy dolorosa en la familia por el imparable avance de la diabetes y el cáncer que muy pronto nos arrebatarán a Martín, oficialmente mi tío más joven, y, en la vida, mi hermano mayor.

En primer lugar, ¿cómo enfrenta uno este tipo de situaciones? Aunque he dejado un protocolo de procedimientos, para que lo puedan seguir necesitan tener la información de la que nosotros mismos, aunque queramos creer que sí, no disponemos: quién nos tiene y por qué. La primera gran decisión que deben tomar es: ¿damos a conocer el secuestro o pedimos silencio absoluto?

Como cada caso es distinto, no puede haber una fórmula general. Hay secuestradores susceptibles a la presión, como gobiernos o grupos que necesitan apoyo extranjero, y tal es el caso del ESL. De manera similar, el presidente de un país valorará que el costo político de dejar morir a uno de sus ciudadanos es mayor si sus electores hacen una gran campaña por liberarlo. Por lo contrario, otros se sentirán encantados de provocar inquietud en Occidente. A final de cuentas, de eso se trata el terrorismo, y el clamor de la gente preocupada incrementará su prestigio de combatientes *yijadis*. Si lo que quieren es dinero y se hace mucha publicidad sobre nosotros, pensarán que somos muy valiosos o importantes y endurecerán su posición.

Ni siquiera sabrán qué está pasando conmigo. Lo único claro será que desaparecí. A falta de certidumbres, ¿cómo calcular si hacer ruido me ayudará o me perjudicará? A fines de junio de 2009, cuando trataba de escapar de Irán sin ser detectado por el gobierno, fue necesario controlar la movilización de mis amigos por el peligro de que les diera pistas a las autoridades sobre mis intenciones.

Las dificultades para ellos serán enormes desde los primeros minutos: además del temor por lo que me esté ocurriendo, pasarán de la tranquilidad cotidiana a enfrentar la responsabilidad de escoger cursos de acción de vida o muerte… sin saber qué es lo que realmente pasa.

Ya se ha ido apagando el entusiasmo por lo que creemos que es nuestra situación. Ahora nos damos cuenta de que hace falta empezar a buscar que esto se mueva. Sabemos que hay alguien con mando que está al tanto de nosotros porque antes pedí que me devolvieran mis gafas y las píldoras para la próstata que traigo en la chamarra que me quitaron (en coberturas de riesgo, como ésta, siempre cargo con una dotación por si fuera arrestado o secuestrado), y regresaron con el mensaje de que el *amir* (jefe) me enviaba una sola pastilla y la orden de que permaneciera en tinieblas.

Insistimos en que ansiamos conocerlo. Que nos diga por qué estamos aquí. O que nos interrogue y, a partir de los cuestionamientos, nos deje inferir qué está pasando. *"¡Bukra, inshallah!"*, es decir, "mañana, si dios quiere": nos regalan la frase cotidiana que utilizan los sirios para no hacer nada. Traducido al mexicano: "Que ahorita viene". Y al madrileño: "Que no jodáis, ¡coño!"

Desde las cinco de la tarde, empezaron lo que calculo que serán catorce horas de oscuridad total en las que no tenemos qué hacer nada más que quedarnos tendidos, repitiéndonos mentalmente las mismas preguntas. Las mantas, de color crudo, oscuro, son de una tela áspera que protege bien del frío invernal. Pienso que así serán nuestras noches por tiempo indefinido. Dos semanas, si hay suerte. *Inshallah.* Mejor que estar desnudos, heridos y rotos en una vieja celda de torturas.

Cerca de la medianoche, entran varios hombres armados. Traen lámparas y trapos con los que nos vendan los ojos y nos amarran las manos. No sé si son los mismos que nos secuestraron. Con rudeza parecida, nos sacan de nuestra habitación-celda. El miedo. La serenidad combate con el terror dentro de mí. Los tipos nos empujan. ¿Vendrán, ahora sí, los malos tratos? ¿Los golpes, las técnicas brutas para obligarnos a decir lo que ellos quieran? Tras salir salir a la calle, nos arrojan dentro de una camioneta que arranca con torpeza, dando tumbos. Detrás de nosotros, tenemos a dos guardias. Uno de ellos apoya el cañón de su rifle en mi nuca y con él, me da golpes para obligarme a bajar la cabeza. Escucho que hacen comentarios jocosos.

"Shoes! Shoes! Shoes!", gritan para hacer que nos quitemos los zapatos. *"Tamam, tamam!"*, respondo para que aleje el arma de mi oreja. No me hace caso. El vehículo se detiene, la puerta se abre, casi me arrastran hacia fuera, los dedos de los pies chocan contra un suelo helado e irregular. Estoy esperando que alguien nos recoja, que nos vuelvan a poner en fila para introducirnos en un sitio donde, si hay buena suerte, conoceremos al jefe, nos dirá qué ocurre y empezaremos a arreglar el malentendido; si la fortuna abusa, ahí nos aguarda la maldad de la que han dotado al hombre todos sus dioses.

Parece que es todavía peor. Nos sueltan las manos que nos sujetaban, los fusiles suenan, las puertas del coche se cierran, las quijadas se sacuden produciendo algo que se supone que son risas. ¿Qué ocurre? ¿Cómo es que esta mañana actuaron a plena luz del día sin preocuparse por quiénes los veían y, ahora, esperaron al momento en el que todos duermen para... qué? ¿Deshacerse de nosotros? Si nos llevaron por error y secuestrar periodistas es un problema, ¿no es lo más fácil quitárselo de encima ejecutándonos? ¿Nos dispararán desde la camioneta?

Suena el motor. El vehículo se marcha. ¿Qué pasa? ¿No nos matan? Pero los escucho regresar. ¡No puede ser! Suenan las risas. Sus risas. Aceleran. Me encojo de hombros. Se me erizan los vellos. Pasan a un lado nuestro. Y se van.

Se van.

***

Nos hallamos en un lugar absolutamente desconocido para nosotros, solitario, oscuro. Nos han quitado todo. Pero estamos libres.

Al ver una luz, Balint augura: "La gente de esa casa nos va a ayudar. No hay problema". Me toma de la mano como a un niño. Andoni marcha a mi lado, muy cerca, como para evitar que me caiga hacia la derecha. Aunque en realidad Balint no me avisa de los obstáculos y charcos con los que tropiezan mis pies desnudos, y no alcanzo a entender por qué Andoni cree que corro un especial riesgo de caer hacia la derecha, nos sentimos en una profunda comunicación en este momento tan extraño, en el que recuperamos inesperadamente nuestras vidas.

En mitad de la noche, un hombre sale a la puerta a ver a tres extranjeros sin zapatos. Nos mira como quien busca en los relatos de sus ancestros pistas sobre cómo reaccionar en situaciones así. Cuando asimila las cosas, toma su arma y nos lleva a otro sitio, a unos 50 metros, donde duermen cinco combatientes. Nos sientan junto a una antigua estufa. Demasiado caliente pero sólo ahora me doy cuenta del frío que tenía. Dos de ellos acceden a llevarnos. Intentamos explicarles a dónde queremos ir.

Otra camioneta. De nuevo, sentados en la parte trasera. Pasan sólo unos minutos… y el temor retorna de golpe: estamos aparcando frente al cuartel de una milicia. Nosotros no sabemos dónde nos tenían ni quiénes fueron, ¿nos están devolviendo a nuestros captores?

Unos guerrilleros se acercan a mi ventana y me indican que baje. Me niego, no voy a abrir. Andoni, a mi lado, empieza a gritar. Balint también. Me extraña porque su emoción es exactamente la inversa a la mía, están contentos. Lo que yo no alcanzo a ver es que, detrás de los rebeldes, sonríen dos fotógrafos amigos, un greco-chipriota y un alemán, y Hamid Khatib y Nour Kelze, activistas sirios. Han estado buscándonos por horas y vinieron a este lugar, que es la sede de Liwa al Tawheed, la mayor milicia dentro del ESL, a pedir información y apoyo.

¿Qué ocurrió con los sirios, Sultan y Aref? El primero escapó en el momento en que nos capturaron, no se sabe cómo. Al segundo, lo soltaron donde nos detuvimos, en un cementerio. Estos dos hechos se suman a otros asuntos extraños. Nos preguntamos si se filtró información sobre nosotros. O algo peor.

Nos llevan a la oficina-hogar de Nour y Hamid, donde nos prestan computadoras para enviar mensajes por internet. Tengo que pegar los ojos a la pantalla para poder distinguir los caracteres. Consigo comunicarme con mi gente y poner anuncios en Facebook de que estoy bien. Por algo más de media hora, se podrían haber evitado el susto, pero las alarmas habían sonado desde Alepo y Turquía hasta España y México. Taquicardias, alivios, alegrías y muchas amorosas promesas de que me darán las tundas que merezco. No exigiré que las cumplan.

Sultan, Aref y Abdullah vinieron a vernos. Nos dio muchísimo gusto ver a los dos primeros, a quienes por unas horas pensamos probablemente muertos. Para decepción del tercero, sin embargo, preferimos quedarnos aquí a dormir porque no consideramos que su Aleppo Press Center sea un lugar seguro. A eso de las tres de la mañana, por fin me quedo solo dentro de mi mente, en la oscuridad, todavía incapaz de asimilar los brutales cambios que dio mi vida en unas horas. En este momento, yo no debería estar en esta sala, tendido sobre una colchoneta y cerca de gente amistosa, sino sobre una manta de tela cruda, encerrado y bajo el control de desconocidos.

¿Es que realmente hemos sido liberados? ¿O me he vuelto a quedar dormido en nuestra improvisada prisión y el subconsciente protege mi salud mental con un bello sueño? Sólo veo luces borrosas alrededor de mí, las de algunos aparatos eléctricos. Eso debería ser un indicio de que sí estoy afuera. Pero necesito algún elemento más que me demuestre que es verdad. Me doy cuenta de que me falta una cosa. La dejé en la celda.

—Balint, ¿estás despierto?

—Sí—, responde, también acostado en el piso, al otro lado de una mesa baja.

—Además de lo que nos robaron, esa gente se quedó con algo mío.

—¿Con qué?

—Espero que lo tomen como un obsequio. Es... lo que dejé dentro de la botella con el líquido rojo.

Las risotadas de mi compañero húngaro me guiaron hacia la tranquilidad de sentirme en libertad. Y descansé.

***

Si son islamistas o son revolucionarios, si creen en una Siria Libre o en la estricta ley islámica, da igual: actuaron como meros ladrones que nos robaron el equipo, el efectivo y hasta los zapatos. Como en esta guerra no hay cajeros automáticos ni empresas de envío de dinero, ni lujosas tiendas de fotografía, tenemos que salir del país. Se acabó la misión. Además de un detalle: todo lo que tenemos sobre su identidad son sospechas y quien fuere que nos haya secuestrado, nos conoce y puede volver a echarnos el guante si cree que estamos hablando demasiado. ¿Cuánto saben de nosotros? ¿Nos tenían vigilados? ¿Quién, de entre la gente que nos rodeaba, les pasó información y facilitó el rapto?

Problema extra: a Balint y a mí nos quitaron los pasaportes. Y los turcos no son conocidos por su bonhomía cuando se trata de dejar entrar personas sin documentos. En la tarde del 23 de enero, mis compañeros y el fotógrafo grecochipriota se marchan a Kilis.

Yo no estoy listo: la Secretaría de Relaciones Exteriores de mi país ha dado órdenes urgentes de rescatarme y el diplomático encargado de Protección a Mexicanos en nuestra Embajada en Ankara, Alfonso de la Madrid, me busca telefónicamente para decirme: "Témoris, ¡tienes que salir de ahí, pero ya!"

No es que le haga falta convencerme. Alfonso moviliza a los funcionarios del gobierno turco y pasado meridiano del 24, me encuentra sentado en el límite fronterizo, bebiendo té con unos guardias que fueron muy amables al no hacer gestos de incomodidad por tenerme ahí, con unas chanclas de plástico rosa y calcetines destrozados y malolientes por tres días de uso rudo. Para alivio de todo el mundo, y saliéndose de sus deberes, Alfonso me regala un par de botines negros que él solía usar. Parecen hechos para mí.

Llega la noche. Mi nuevo amigo me ha colocado en un hotel, frente a la legación nacional y se ha asegurado de que nada me falte. Mañana me recibirá el embajador Jaime García Amaral, para darme un nuevo pasaporte: el primero en mi vida con barba completa, entrecana. Pasé los últimos cinco años eliminando el vello facial.

Ahora, en Siria, donde ducharme era un evento que ocurría una vez a la semana, lo dejé crecer. Me da años. Pero también, serenidad... espero. Algunos prefieren huir del recuerdo de los malos momentos eliminando los rastros. Yo creo que algo he aprendido y, mientras descubro qué es, buscaré pistas acariciándome el mentón peludo.

He rechazado la oferta de que la Embajada me envíe a casa. En realidad, para lo que pintaba, la situación se resolvió maravillosamente. Podrían habernos devuelto nuestras propiedades, claro que sí. Pero no hemos sido derrotados. Física, mental y emocionalmente, queremos seguir haciendo nuestro trabajo. Y tenemos que hacerlo: la única forma de reponernos del golpe económico es haciendo periodismo, los tres vivimos de lo que producimos cada día y, por el momento, nuestros objetivos están en Medio Oriente. Aunque estoy decidido a mantenerme lejos del peligro, ahora me propongo ir a Egipto, donde pronto celebrarán elecciones (o eso intentan).

Pensé que Alfonso no me entendería, pero resolvió el tema con un jocoso "estás tan loco como yo". Se marchó. Y me dejó libre. Bien libre. Para regresar a las comodidades cotidianas que a todos nos parecen garantizadas, como si nada nos las pudiera quitar: ducharnos cada día, con agua caliente, ir al refrigerador a escoger entre lácteos y colas, poder ir al baño cuantas veces se quiera, cuando se desee, consintiendo la próstata. Ver. Algo tan sencillo. Buscar amor en los brazos de una mujer.

Atrás se quedó la guerra. Tanto dolor. Nuestros amigos. La locura de la humanidad.

Nour y Hamid

Atrás se quedó la guerra y, en ella, Hamid y Nour. La suya es una de las historias que quería investigar y contar, entre tantas que dejé pendientes. Jóvenes a quienes la guerra forzó a tomar decisiones vitales. Muchos de sus amigos han optado por la paz del exilio. Ellos se han quedado a contribuir como mejor pueden: enviar a un mundo cuya atención se pierde rápidamente las imágenes y los textos necesarios para entender el sufrimiento del pueblo sirio.

Cada día, junto con la cámara y la libreta, se llevan el chaleco antibalas y el casco para ir al frente de batalla. Con aterradora frecuencia, tienen que documentar hechos espantosos, como el del 28 de enero: el río Cueic corre hacia debajo de la parte que controla el régimen a la de la oposición. Con frecuencia, aparecen algunos cadáveres de personas asesinadas por el ejército o los *shabihas*. Esa mañana, empezaron a llegar cuerpos por decenas, alrededor de 120, que la corriente amontonaba bajo los puentes hasta obstaculizarse con barreras formadas por hombres jóvenes con las manos atadas a la espalda y el tiro de gracia, con diques hechos de hermanos, hijos y amigos de las aterrorizadas personas que corrieron, al escuchar la noticia, a buscar a los parientes por los que estaban angustiados porque habían desaparecido días atrás. En muchos casos, sí eran.

Ocurrió cuatro días después de mi partida. Estos chicos normales habían pasado de reír conmigo a ser testigos, nuevamente, de la brutalidad. En Facebook, sin calma para actualizar ni precisar números,

Hamid escribió: "86 mártires, incluidos once planetas". Gente entrañable como él y Nour es la que dejamos los periodistas extranjeros en los países en conflicto.

Después de salir de Siria, publiqué en Facebook una breve carta de agradecimiento a las personas que me habían ayudado, incluidos Nour y Hamid. Este último respondió así:

"Lamentamos mucho que ustedes hayan tenido que pasar por este terrible incidente aquí en Alepo y era nuestro deber ayudarlos. Era lo menos que podíamos hacer porque valoramos que ustedes vengan aquí y arriesguen sus vidas para mostrarle al mundo lo que ocurre en Siria. Así es que gracias por el duro trabajo y haremos lo posible para que estas cosas no le vuelvan a ocurrir a nadie".

Muy amable. Pero son ellos los que se quedan. Tras las fuertes experiencias de las coberturas de conflicto, los extranjeros podemos regresar a casa o a algún lugar tranquilo para descansar y recuperar la noción de normalidad, como Estambul, donde escribo esto. No es lo que ocurre con Hamid, Nour y muchos otros.

Y me pregunto: además de los riesgos inmediatos, ¿cuáles son los daños de largo plazo que dejarán en sus cuerpos y corazones las cosas que ven y experimentan, lo que tienen que indagar y confrontar?

El 1 de febrero, vi un comentario de Nour en Facebook que es posible que yo no esté interpretando bien. Pero también puede ser un indicio de esos daños:

ليست مشكلتي [الموت] .. فحتماً سأموت في يوم ما

"No es mi problema (la muerte). Sin duda moriré algún día."

No podemos pasar al lado de la muerte sin acusar el golpe de sus designios fatales. Peor es cuando no pasamos por ahí, sino que vivimos junto a ella.

O cuando desciende del cielo por nosotros, como ocurrió el 7 de febrero. "Y dijeron, 'está bajando, está bajando'. Era un *jet* disparando contra las *doshkas* (ametralladoras antiaéreas). Disparando balas", relató Nour en una entrevista para la radio estadounidense NPR. Ella apretó sus cámaras contra el cuerpo, se dio la vuelta y corrió para esconderse detrás de unos sacos de arena. Explosión. La onda expansiva que impactó contra Nour arrastraba toneladas de metralla.

"Pensé que sólo quedaba esperar la muerte, porque todo lo que podía imaginar era que el *jet* iba a soltar su enorme bomba y todos íbamos a morir en pedazos", contó.

El avión se marchó. Un guerrillero murió. Otros dos, fueron heridos. También Nour, en una pierna y un brazo.

"Fue horrible", escribió ese día en Facebook. "Nunca olvidaré esto. Sólo me hace más fuerte y ahora respeto más a los combatientes del ESL por su valentía y el sacrificio que hacen para protegernos y salvar este país".

سوريا الحرة (Siria Libre)

RESISTIR

Este libro debería terminar así. Bella caligrafía árabe. Y el sueño de una hermosa revolución.

O tal vez no. Temo engañarme a mí mismo y mentirte a ti, lector, que si has llegado hasta aquí, conoces no sólo de Siria, sino de mí, tu informador, en quien confías, el que quiso ir a la guerra para poder contarte cómo es. Y no es hermosa.

Quise explicarte que en los conflictos no sólo existe la tragedia, que también hay esperanzas y alegría y actos increíblemente nobles, como los de esos médicos que no llegué a conocer, o los del enfermero Abu Abdo, el del hospital mental Ibn Jaldún. Debo insistir en que todo eso es realidad y que conocer este lado de la historia nos ayuda a entender mejor a quienes la viven, a verlos como a iguales, no como a infortunados sin rostro ni remedio. Así escapamos del sensacionalismo de las pantallas televisivas, de su efecto perverso en la idea que el mundo tiene del mundo.

Las dimensiones de un conflicto bélico, sin embargo, son difíciles de aprehender para quienes no han estado en uno. El enorme impacto de los *canasín* en la vida cotidiana es sólo un ejemplo. No consigo entenderlos, aunque a algunos de ellos podamos vestirlos con un manto de romanticismo revolucionario o nos parezcan moralmente justificados, con argumentos poderosos, como los que tiene Givara, la madre francotiradora. No son mis hijos los que crecen entre la muerte ni los que mañana van a morir, y eso me coloca en un plano distinto de valoración. Son los francotiradores, por otro lado, los que le entregan ofrendas a la muerte sin hacer preguntas, sin datos mínimos que permitan saber, por lo menos, quién es a quien han sentenciado inapelablemente en este sumarísimo juicio final. Y eso los coloca a ellos en un nivel moral distinto.

Incluso si asumiéramos acríticamente la idea de que todos los hombres y mujeres que están en el lado contrario son "malos", las filas de la revolución se han nutrido de desertores, de quienes vistieron el uniforme del ejército por obligación, bajo amenazas, y se quitaron el casco en cuanto vieron la oportunidad. Como Mahmoud, el ex soldado que bebía mate en Salaheddine. Antes de que cambiara de bando, Hassán, el *canás* de 18 años, con el que lo vi compartiendo momentos alegres y la infusión guaraní, lo hubiera matado sin pensárselo mucho.

Lo de quitarse el casco es importante. Por ejemplo, los periodistas, podemos ponernos chalecos antibalas pero no nos protegemos los sesos con esos yelmos modernos: para un *canás* de la guerrilla que —se supone— no quiere matar civiles, el casco hace la diferencia porque —de nuevo, se supone— sólo los usan los militares de Assad: si lo llevas, ziiing, te darán la muerte… la mereces aunque nada se sepa de ti.

Me faltó hablarte más, lector, de los sirios que están totalmente hartos. Cuando se trata de revoluciones populares, sólo queremos escuchar de gente heroica que resiste hasta el infinito. Ésas son las historias que nos cuentan sus dirigentes porque hay guerras por ganar, o por no perder. En la calle, sin embargo, muchos ya no están tan convencidos de que las cosas han salido bien. Como la mujer de la panadería que decía que a Assad no lo podían culpar de todas las tragedias cotidianas. O el hombre de la oficina del Casco Viejo, cuya mujer y dos hijas desaparecieron materialmente en un bombardeo. Sólo quedaron en su memoria, reinventadas por los oleajes del dolor. El fallido padre y esposo se paraba junto a mí a gritarme que "¡la revolución ha sido un gran error, mucho peor de lo que imaginé!", mientras yo, acosado, pretendía ignorarlo ocupándome en escribir en mi laptop precisamente lo que él me decía.

Cuando te empecé a narrar mi experiencia, te confesé que no marchaba, como hago normalmente, animado por la emoción de presenciar la historia impulsada por las personas que luchan con la mejor parte del corazón. Lo que me empujaba era un sentimiento de deber, ya que percibía que el romanticismo de la revolución siria se había escurrido con la sangre, el sectarismo y los intereses perversos de potencias, príncipes, empresarios, religiosos y políticos extranjeros. La causa originaria es legítima y loable —derrocar una dictadura feroz—, pero el tiempo ha provocado que los nobles objetivos se asfixien bajo una creciente podredumbre.

¿Cómo te imaginas que es la desdicha siria de la que apenas te hablé, lector? ¿La que sólo llegué a esbozarte antes de que unos criminales en oficio de revolucionarios me interrumpieran? Recurriré a un párrafo sin lustre ni embellecimiento, eructado del pecho con toda su horrible verdad, que mi colega alemán Carsten Stormer compartió, tal como lo sentía, en Facebook, el 27 de febrero:

"De todos los conflictos en los que he estado, de Afganistán al Congo, de Somalia a Irak, Uganda, Timor Este, Darfur y las montañas Nuba, la violencia en Siria gana. Es imposible tragarse la brutalidad de este conflicto. El recuerdo de los muertos, los heridos, el miedo, la sangre, el sufrimiento que se roba tu dormir, esto ocupa tu mente. Los cadáveres. Los civiles muertos o traumatizados. Las miradas vacías de niños aterrorizados. La falta de comida, electricidad, agua y ayuda. El miedo constante de los ataques aéreos y los francotiradores. El dolor de perder amigos y colegas. La falta de palabras cuando los sirios te preguntan por qué el mundo está mirando, por qué no viene la ayuda —ni siquiera un camión de ayuda—. Estoy avergonzado de ser el representante de una sociedad y un país que responde los llamados con completa indiferencia e ignorancia. Esto sucede frente a nuestros ojos. ¿Qué pasó con la promesa de 'nunca más', la frase vacía con la que el mundo salió tras los horrores del holocausto y que convenientemente olvidó en Ruanda? La consecuencia de esta falta de acción es prolongar el derramamiento de sangre. Vergüenza para nosotros. Y a todos aquellos que están de acuerdo con una política de indiferencia y que piensan que esto no nos debería importar, yo les digo: vayan y jódanse".

No olvides la energía que mantiene viva a la gente, por favor, precisamente para que recuerdes que es gente. Lo que describe Carsten, no obstante, también es Siria. Una Siria que, a quienes somos meros testigos, nos confunde o nos aplasta o nos irrita hasta la desesperación; que nos hace preguntarnos: ¿por qué, por qué no actúan los países que tienen poder y que tan exitosamente defienden intereses vergonzosos en otros rincones? ¿Por qué están de pie ahí, apoyándose en una verja mal cerrada que retienen en lugar de abrirla y entrar?

¿Quién es dueño de la justicia? ¿Quién sabe cómo ejercerla? Es cierto que hay quienes parecen no sentir mucho, pero en mi experiencia, la frustración rompedora de espíritus es una de las emociones más frecuentes entre los reporteros, defensores de derechos humanos y activistas que asistimos a este tipo de dramas, en los que no se ve más que un tormento sin fin.

Es claro que en Siria hace falta mucha más ayuda humanitaria. Nadie sabe, sin embargo, cuál era y es la forma más apropiada de proceder ante este conflicto y, me parece, de ahí viene la torpeza con la que han reaccionado las potencias occidentales. Por muchas razones, de las que me parecen más importantes tres.

Una es que, por su pasado (y presente y futuro) fatalmente imperialista, los motivos de estas naciones son sospechosos *a priori*. Muchas veces con plena razón, y otras, gracias a la pereza del pensamiento acrítico. Como la de cierta izquierda "anti-imperialista" que ha sido incapaz de transitar al siglo XXI e insiste en creer que el enemigo de su enemigo es su amigo. Es la que ha ensalzado a dictadores sangrientos como los iraníes Jameneí y Ajmadineyad, el libio Gadafi, el sirio Assad: los ven como campeones de la resistencia contra los imperialistas sin considerar el sufrimiento que infligen a sus pueblos ni su asociación estrecha con otros grandes imperialistas, como Rusia. No son antimperialistas, sino ciegamente antiestadounidenses, y por oponerse a Washington están dispuestos a hacerse de las amistades más impresentables.

La segunda es que Siria no es un Estado menor, relativamente simple de manejar (y aún así, muy complicado), como Libia. Desde hace miles de años, su posición central, en donde se unen Europa, Asia y África, le ha dado un valor estratégico fundamental y lo que ocurre ahí, tienen un gran impacto en la región y más allá.

El tejido social sirio está fracturado profundamente. Las ciudades y las aldeas están enfrentadas al interior de sí mismas. Aunque por mucho tiempo se intentó evitar que la guerra entre gobierno y opositores se convirtiera en una lucha sectaria entre chiíes alauíes y suníes, ésta ya es una realidad tan grave que empiezan a registrarse operaciones de limpieza étnica. Aunque muchos alauíes no están de acuerdo con la dinastía Assad y lo que ha hecho contra su país y su propia secta, para ellos, abrazarse al presidente se ha convertido en una cuestión de supervivencia. Para gran cantidad de rebeldes, de manera parecida, no importa si un alauí es o no pro Assad: por su origen, es parte del régimen, piensan algunos; los *yijadis* y otros extremistas suníes, además, los condenan por ser chiíes, a quienes consideran herejes del Islam.

Entre ambos grupos están atrapados cristianos, drusos y palestinos, además de los kurdos, concentrados en proteger las áreas donde son mayoría. O donde ellos dicen que son mayoría (y sus rivales, claro está, no les creen).

Estamos viendo un conflicto de una envergadura mayor de lo que parece, pues ya se ha desbordado y va a terminar por redefinir el mapa de la región: Medio Oriente se está transformando y se desdibujan las fronteras que Francia y Gran Bretaña trazaron, tras la primera guerra mundial, para beneficio propio.

La guerra de sectas no es sólo siria: se reproduce en los países vecinos y es sostenida por las potencias regionales. Los chiíes de Líbano, Irak y Siria (alauíes), apoyados por los de Irán, se confrontan con los suníes de esos mismos países (que en Irak han proclamado el inicio de la revolución contra la opresión chií), con el respaldo de los de Turquía, Arabia Saudí y Catar. A su aire, los kurdos de Irak y Siria van por cuenta propia. Y por si faltara alguien en el caos, Israel ha entrado a dar golpes espectaculares. Súmense los intereses de Washington y Moscú. Vaya caldo.

Finalmente, la tercera razón es que de las revoluciones hablan mucho quienes no las conocen. Los que las empiezan rara vez las ganan, si es que terminan vivos, y hacer apuestas por unos o por otros es un ejercicio de alto riesgo. Más todavía en las insurrecciones de lo que se llamó por moda —y ahora ha dejado de llamarse por la evidencia— "primavera árabe", por el contexto de espontaneidad e improvisación que ha prevalecido en ellas. Tomaron a todo el mundo por sorpresa, incluso a quienes las iniciaron. En marzo de 2011, en Bengasi (Libia), cuestioné a una integrante del comité revolucionario que administraba la ciudad precisamente porque no parecía administrar la ciudad, y la mujer respondió compartiendo su angustia: "Señor, hace tres semanas yo estaba dando clases en la Facultad de Economía, sin imaginar nada... y ahora tengo que manejar una ciudad, crear un gobierno revolucionario y, sin tener un ejército, ganar una guerra".

Los veloces e inesperados desplomes de los tiranos de Túnez y Egipto crearon la ilusión de que una transformación radical de la política, la economía y la cultura, se podía conseguir manifestándose en la calle por tres semanas. Se cayeron las caretas de los regímenes, sólo eso. El libio Gadafi y el sirio Assad, en cambio, escucharon las sirenas de alarma, se prepararon y se dispusieron a arrastrar a sus países completos en la caída. Eso no lo sabía la gente que salió a manifestarse en Siria el 15 de marzo de 2011, hace 100 mil muertos... a los que hay que sumar un millón de heridos, un millón y medio de refugiados, cientos de miles de huérfanos, miles de niñas arrojadas al desamparo, la prostitución y los matrimonios forzados, la destrucción de las infraestructuras médicas, educativas, de transporte, eléctricas, etcétera. Libia cuenta con mejores oportunidades de reconstruirse porque la guerra sólo duró unos meses y tiene una población pequeña en un territorio riquísimo en hidrocarburos: ya fluyen los petrodólares. En contraste, Siria es más grande, más pobre y, sobre todo, el conflicto suma años, gana extensión y se complica todavía más.

Aunque terminara pronto, los daños son irreparables. Los niños de

Siria no recordarán el país que tenían sus padres y pasarán décadas antes de que vean algo con un nivel de desarrollo parecido. De haber tenido idea de que el régimen estaba dispuesto a arrojar la nación a la barranca, hay que preguntarse cuánta gente habría apoyado las protestas de la primavera de 2011.

Si los *shabihas* han actuado con bestialidad alucinante, desde el lado de la oposición hay grupos que parecen dejarlos atrás en brutalidad. Algunos replican que hay que entenderlos porque son producto de la violencia del régimen, y que ésta es peor, pero ya los casos extremos e imposibles de justificar se multiplican. Tres ejemplos: Abu Sakkar, un comandante suní del ESL, se hizo tomar un video cuando le abría el pecho a un enemigo muerto, le arrancaba un pulmón y lo mordía, asegurando que eso es lo que hará con todos los alauíes que pueda atrapar; comunicaciones telefónicas entre *yijadis* belgas en Siria y sus amigos en Bruselas, interceptadas por la policía, ponen a los primeros presumiendo de la cantidad de hombres chiíes que han asesinado y de las mujeres chiíes que han violado; en Alepo, un grupo de *yijadis* mató a un muchacho de 15 años, que trabajaba en un café, porque lo escucharon negarse a regalarle una taza a otro muchacho, con la frase "no te lo daría ni aunque Mahoma bajara del cielo". Aunque es un dicho común entre los sirios, esos combatientes, extranjeros que ven en la guerra Siria la oportunidad de convertirse en mártires e ir al paraíso, no lo sabían, lo consideraron un insulto al profeta y aplicaron su sanción.

Lo que nos ocurrió a Balint, Andoni y a mí es un ejemplo del carácter autodestructivo de las guerras y de las revoluciones. Gobierno contra rebeldes, en primer lugar; en la oposición, kurdos contra *yijadis* contra ESL; y dentro de éste, al menos dos centenares de grupos que en veces rivalizan y en otras, chocan. Y las historias típicas de vecinos que eran amigos y hoy se odian a muerte, de parientes que se matan entre sí.

¿Quién nos secuestró? Lo más confuso no tiene que ver con quienes nos raptaron, que posiblemente fue algún grupo dentro del ESL que pensó que tendrían a una francesa y a un español (tan apreciados por Al Qaida), en tanto que el húngaro y el mexicano, como resumió Andoni, veníamos en el combo. La intención, parece, habría sido vendernos a una milicia *yijadi* que nos hubiera mantenido escondidos por un tiempo, para crear tensión internacional antes de presentar exigencias políticas o económicas. Sin embargo (joder, por una vez no me sienta mal ser poca cosa), los *yijadis* no nos quisieron. Declinaron la oferta, poniéndolo elegantemente, porque no incluía a la francesa (que por el momento tiene la nacionalidad más preciada por Al Qaida) o por alguna otra causa. Así es que nos dejaron ir… sin el equipo.

Las costosas y llamativas cámaras del vasco habían sido ofrecidas a la venta dos días antes de que nos capturaran, nos enteramos más tarde. Es aquí donde empieza lo verdaderamente intrigante. Distintas personas nos han ofrecido —afirmado como el que sabe de lo que habla— versiones totalmente contradictorias sobre quién entregó información sobre nosotros y facilitó el secuestro. La confusión es tal que ya no me quedan certidumbres sobre casi nadie. Es algo que me duele porque probablemente sospecho de gente buena. No tengo manera de estar seguro. Antes, durante y después del rapto hubo hechos y actitudes muy raros y difíciles de entender, a menos que se considere la complicidad. Quienes leyeron atentos mi relato ya se habrán hecho algunas preguntas. Un testigo y víctima del ataque trató de esconderse para no colaborar con quienes nos buscaban para ayudarnos. Un personaje con responsabilidad difundió información en Facebook, mientras estábamos desaparecidos, para lavarse las manos, aunque era necesario guardar discreción. Ya cuando intentábamos marcharnos, hubo un intento por evitar que recuperáramos una tarjeta de memoria (temerariamente, Balint había grabado los primeros momentos del secuestro en su cámara de video, la cual tiró al piso de la camioneta cuando nos sacaron de él; y los captores, por alguna razón, no se llevaron el vehículo, su dueño lo recogió y ahí estaba la evidencia, aunque al final no sirvió de nada) que podía darnos pistas sobre los secuestradores.

Los miembros del Aleppo Press Center se acusaron mutuamente de haber participado en el secuestro. El 3 de marzo, en un incidente del que también recibí versiones contradictorias, Abdullah al Yasín, el jefe del APC, con el que convivíamos diario, fue asesinado afuera de la oficina donde dormíamos. Un comandante de *katiba*, Abu Jaffar, fue acusado por el crimen y junto con él, la policía revolucionaria detuvo a Aref, el mismo a quien secuestraron brevemente con nosotros y que había sido amigo y empleado de Abdullah. Aparentemente, nuestro secuestro fue una de las razones —o la principal— de la confrontación mortal entre Abdullah y Aref.

El hermano mayor de la víctima, Ghassan, un dirigente muy

popular del ESL, aseguró que había un cómplice a quien iba a matar: nada menos que a Hamid, el amigo de Nour que nos ayudó al ser liberados y que acudió al lugar del tiroteo acompañando a Abu Jaffar y Aref. Hamid escapó a Turquía y después, de alguna forma, Ghassan entendió que no era culpable o por algún motivo retiró su amenaza. Hamid regresó. De Aref, no se sabe nada: lo liberaron el 9 de abril y, cuando trataba de salir a Turquía, fue secuestrado. En Facebook se compartió una foto en la que el muchacho aparece maniatado, boca abajo. No se sabe quién la tomó ni por qué fue difundida.

***

La guerra vuelve locos a todos. Incluso a los periodistas. Cambia el comportamiento, la percepción de las cosas, la idea de lo es moralmente admisible, la valoración misma del peligro. En los primeros días, cuando pasaba un avión, la angustia porque podía arrojarnos una bomba en la cabeza no desaparecía porque, era claro, cuando se escuchaba el estallido de la bomba no muy lejos, otras personas sufrían una muerte horrible. Después, como el resto de los sirios, acepté el segundo hecho como inevitable y sólo sentía alivio por no ser yo la víctima. La gente se acostumbra. Y yo sorprendía a mis amigos, que se encontraban en otros países, al insistirles en que estaba tomando todas las precauciones, que no asumía riesgos innecesarios, que cruzaba tan rápido como era posible las calles donde había francotiradores y que, cuando aparecía un tanque, me retiraba de los tiroteos… Parece que se me había atrofiado una neurona… o dos.

Viajar con mis compañeros en un coche con un guardia armado, rumbo a un frente de combate, acelerando para evitar tiros de canás, me parecía razonablemente seguro. Ya se ve que no era así. Una de las cosas que más me inquieta es que, mientras nos estaban secuestrando, lo que me llegó no fue sorpresa, sino un extraño sentimiento de constatación: era como si siempre hubiera sabido que algo así iba a ocurrir, tarde o temprano, inevitablemente. En esos momentos, no me preguntaba cómo diablos podía sucederme eso. Me dije: "Vale, aquí está, tenía que pasar. Sin quejas, nadie te pidió que vinieras aquí. Asúmelo, resiste y ponte a pensar cómo salir vivo". Más tarde, en narraciones de un colega italiano que fue liberado de su propio rapto en Siria, semanas después, encontré que él había sentido lo mismo.

No sé si en algún rincón del subconsciente sospechaba que ya me había escapado muchas veces y que, más pronto que temprano, la Cruz del Sur, el arreglo de cinco estrellas meridionales en el que busco calma y referencia, me iba a dejar solo para ajustar cuentas con la suerte. La había tentado en Níger y en Irán, en Libia y, sólo unos meses antes, en Filipinas. Y otros sitios: de tanto insistir, tenía que romper la magia.

Eso me tiene incómodo y, por ahora, no tengo una explicación qué compartir. Hay un ángulo positivo, sin embargo: el de la resistencia meditativa. A falta de la luz de mi constelación aliada, me había propuesto protegerme yo mismo, proteger mi cuerpo, proteger mi mente, proteger mi corazón. Fue como un caparazón inmaterial que se colocó automáticamente para impedir o minimizar los daños. Mientras Balint y Andoni se perseguían en círculos patinando sobre sus nervios, como una forma de darle salida a la tensión, yo había entrado en modo de espera, recostado en el piso, reconciliándome con mi falta de visión y buscándoles el sentido a las cosas para hallar una salida. Sólo me traicionaba la maldita próstata.

Hoy me siento bastante bien. Este libro, y el nuevo proyecto del colectivo de cronistas Cuadernos (bajo cuyo sello aparece editado), son hijos directos del secuestro, como lo es la gran operación de solidaridad de mis amigos, que me permitió reponerme económicamente y recuperar con velocidad mi ritmo profesional. No tengo daños físicos. Y el corazón se ha repuesto, pues cualquier rasguño que recibió, fue pronto curado con amor.

Funcionó. Como funciona, en medio del desastre, para esa gente de la que te hablo, lector, la que tanto sufre y la que, pese a las colosales dimensiones de esta tragedia, tiene que seguir viviendo: ¿cuántos de ellos no se han propuesto resistir, protegiendo cuerpo, mente y corazón, los suyos y los de quienes aman, conservando su humanidad a pesar de la deshumanización que los rodea?

Es lo que, incluso en el caos y la locura de este conflicto, todavía nos da motivos para creer que habrá una salida. Es tarea de todos nosotros hallar las formas de brindarles ayuda, pero la solución definitiva de ninguna manera se puede encontrar en los juegos de poder de Teherán, Riad, Doha, Ankara, Washington, Moscú, Tel Aviv, Al Qaida... de los príncipes, empresarios, religiosos y políticos que juegan a una guerra como si sólo se tratara de videos de YouTube.

No todas las víctimas quedan en las mismas condiciones. Ésta es una de las cosas en las que he querido insistir: las víctimas no están solamente ahí para recibir conmiseración y ser menospreciadas como inermes e impotentes. También son muchas las víctimas que toman en sus manos las tareas para cambiar su situación, las que dicen "no me mires con lágrimas, échame una mano que yo me encargo de todo lo demás". Pues, por su condición de primeras afectadas, son igualmente las interesadas genuinas y principales, al amparo de su determinación de resistir, de continuar siendo personas, aunque la violencia las trate de romper y las narrativas del espectáculo provoquen que el mundo olvide quiénes son. Recuerdo a aquellas niñas que vi al principio, mi primera foto de esta guerra, la más preciada, de la que ya te he hablado: niñas que tienen que jugar, que se toman de las manos, se miran a los ojos y crean círculos de risas, el espacio estrecho de un mundo donde no hay lugar para la muerte: no cabe más que la diversión.

¿Recuerdas, lector, que compartí contigo mi preocupación por el impacto que todo esto dejaría en Nour, que escribió que "la muerte no es mi problema"? ¿Y que fue herida en un ataque aéreo? ¿Y te acuerdas del dolor de Hamid que, tras documentar los diques de cadáveres en el río Cueic, habló de "86 mártires, incluidos once planetas"? Después tuvo que escapar, perseguido por sus propios camaradas...

Hoy, 22 de mayo, cuando se cumplen cuatro meses desde que fuimos raptados, Hamid me buscó para preguntar cómo estoy y darme una noticia: él y Nour acaban de estar en Raqqa, la primera ciudad totalmente libre de fuerzas de la dictadura. Escogieron ese lugar para pasar su luna de miel, después de celebrar su boda en la ciudad turca de Antioquía.

Yo había supuesto que el conflicto que empezó con el rapto y que creció hasta provocar el asesinato de Abdullah, había afectado su relación. ¡Qué bello es haberme equivocado! Si Nour y Hamid, unidos, son capaces de resistir intrigas y aviones, ¿por qué habríamos de resignarnos a que la paz y la reconciliación parezcan fuera del alcance del pueblo sirio?

Con frecuencia, el análisis es combatido por la esperanza ... con éxito. Al final, bajo los escombros y la locura, sí que ha sobrevivido el romanticismo. También está en modo de resistencia y es lo que me motiva para que, tras mi indecisión, termine este libro como había querido hacerlo. En homenaje a Nour y Hamid, a los caídos y a los que resisten.

سوريا الحرة (Siria Libre)

PARTICIPANTES SOLIDARIOS

Este libro y el cuaderno de fotos que lo acompaña son productos del **Proyecto Canás**, cuya realización ha sido posible gracias a la colaboración de amigos maravillosos que respondieron a la llamada del Equipo Proyecto Canás a apoyar a Témoris tras el secuestro que sufrió en Alepo. Algunos de ellos contribuyeron con su trabajo y otros fondearon sus tareas: producir este libro y el cuaderno de fotos que lo complementa, y reemplazar el equipo de trabajo robado de Témoris.

Equipo Proyecto Canás Catalina Gayà, Isabel PO, Patricia Monge

Producción del cuaderno de fotos Yénika Castillo, Italo Rondinella, Brooke Binkowski

Productores Solidarios
Beatriz Rivas
Erik Pettersson
Lucia Garutti
Mac Auwers
The Rory Peck Trust

Co-Productores Solidarios
Héctor Tenopala Granados
Heidi Alegre
Mélanie Pautrat

Patrocinadores Solidarios
Beatriz Graf
Claudia Wenzel
Connie Gómez Íñigo
Daniel Rodríguez Borlado
Diógenes, centro creativo de Barcelona
Marga Zambrana
Nuria Manzano

Amigos Solidarios

Carlos Chalico
Elsa Lever Montoya
Gabriela Lara
Guadalupe Vera
Joelle Gueguen
José Ramón Huerta
Julio I. Godínez Hernández
Karen Hannon
María Zúñiga
Marisela Ibarra
Miguel Alonso
Primavera Téllez Girón
Richard Thompson
Rosa Irene Monsiváis
Sergi Navarro

EL AUTOR

Témoris Grecko es un periodista independiente que ha escrito crónicas y reportajes en 87 países y territorios y le ha dado tres vueltas al mundo. Ha cubierto conflictos como los de Libia, Egipto, Irán, Siria, Palestina, Congo y Filipinas, cruzado desiertos de Asia Central, India y África, hecho road trips por el Centro Rojo de Australia y el Sudoeste de Estados Unidos, bebido con jinetes tuareg en Tombuctú, entrevistado a esclavas domésticas en Líbano, corrido como gallina tonta bajo las bombas de Moamar Gadafi en Ras Lanuf, viajado con migrantes centroamericanos por México, bailado con una escola de samba en el carnaval de Rio, seguido gorilas en los volcanes Virunga, aspirado vapores sulfurosos junto a la lava hirviente en el cráter del Ert Ale, conversado con víctimas de violación en el Congo, sido secuestrado por milicianos sirios (y librado otro rapto en Mindanao), discutido con predicadores de Al Qaeda en el Sáhara, acudido a citas clandestinas con supremacistas blancos en Johannesburgo, rapeado con MC's palestinos en Ramala, admirado la valentía de los iraníes bajo el gas lacrimógeno en Teherán, documentado la participación de mujeres en las revoluciones de Oriente Medio, terminado botellas de tequila entre los leones en el Serengeti, sentido el terror de otro hombre en Ciudad Juárez, debatido sobre fútbol con un sacerdote perseguido en las montañas de Irak, reído con niños mutilados pero alegres en Camboya, atestiguado la caída de Mubarak desde la plaza Tahrir, evadido disparos de francotiradores en Alepo, departido con personas VIH + en Sudáfrica, guerreado con pistolas de agua en Laos, huido de soldados israelíes por campos de olivos, escapado por la frontera de Armenia... etcétera.

Ha publicado libros como "La Ola Verde" (sobre el conflicto de 2009 en Irán), "Asante África" (sobre sida y la persistencia del racismo en África del Este y del Sur) y "El Vocero de Dios" (sobre la extrema derecha católica mexicana). Es columnista para Esquire y National Geographic Traveler (ediciones para América Latina), colabora regularmente en las revistas Proceso, Domingo y Quo, así como en los diarios La Nación (Buenos Aires) y El Periódico de Catalunya (Barcelona), entre otros. Tiene títulos de licenciatura y posgrado en comunicación social y en ciencia política por universidades de México (UAM-X, UIA) y España (UAM, UCM) y ha ganado premios y reconocimientos en España, México y Colombia.

Más información:
www.temoris.org
Facebook.com/temoris
Twitter: @temoris

Cuadernos

Colectivo de cronistas iberoamericanos

Cuadernos es un grupo de periodistas narrativos dedicado a idear, desarrollar y promover proyectos periodísticos de largo aliento, desde múltiples latitudes, para esta época y entre la gente.

Hemos creado www.cuadernosdobleraya.com: Bitácora global, crónica iberoamericana, plaza de buen humor y foro de discusión de un mundo abierto al debate, a la crítica razonada, a la sensibilidad y al entendimiento.

Ahí también encontrarás más publicaciones del colectivo, bajo nuestro propio sello, Cuadernos Doble Raya, y bajo los de otros proyectos amigos.

www.cuadernosdobleraya.com
escribenos@cuadernosdobleraya.com
Facebook.com/cuadernosdr
@cuadernosdr

EXTRA: BATALLA EN TEHERÁN

Fragmento de "La Ola Verde", la crónica que hizo Témoris Grecko de la insurrección iraní de 2009. Disponible en librosdelko.com/2013/la-ola-verde o a través de temoris.org

«¡Alaaaaá-ju-ákbar!», gritó la joven vestida de verde y negro, y cuando se lanzó a correr hacia el frente, la siguieron cincuenta o sesenta personas que gritaban «¡Alá-ju-ákbar!», armadas con piedras y palos. Hasta ese momento, los milicianos nos habían tenido arrinconados al fondo de un callejón, donde nos asfixiaba el gas lacrimógeno. Pegábamos las narices al suelo o a los rincones, en busca de aire.

Ella era una de varias chicas con aspecto de delicadas muñequitas, de unos veintidós años, que poco antes se habían acomodado junto a mí llorando por los efectos del gas. Llevaban gafas de sol Gucci y bolsos Armani. Yo pensé que deberían haber tenido en cuenta los riesgos de participar en una marcha como ésta y que ahora, que estábamos atrapados por los milicianos, sería difícil que salieran de allí. No tenía sentido que las muchachas se estuvieran lavando los ojos con el agua de una botellita, porque estábamos rodeados por una nube. Entonces una de ellas se puso de pie, avanzó unos pasos, se irguió frente a nosotros y levantó una gran piedra que nos mostró como si fuera una granada. Su figura delgada parecía flotar entre las capas neblinosas. La gente se empezó a levantar. «¡Aláaaaaá-ju-ákbar!», gritó. Sus amigas se lanzaron hacia delante. Y empezó el contraataque.

Los milicianos basiyíes debieron de sorprenderse cuando de pronto vieron que, desde las nieblas de gas, se les venía encima una granizada de pedazos de cemento. Aunque trataron de retirarse en orden, pronto sus líneas se desintegraron y ellos se dieron la vuelta para huir. «¡Bong!, ¡bang!, ¡bong!», sonaban las pedradas en sus cascos. En sus espaldas no eran tan sonoros, pero se disfrutaban más.

La multitud regresó así a la avenida, de donde había sido expulsada minutos antes por una carga de antidisturbios motorizados. Cuando los gobiernos están arrinconados por fuerzas populares, el ejército se atrinchera en las ciudades, pero el campo es de los guerrilleros. Algo parecido ocurría aquí. El objetivo de las autoridades era controlar la vialidad principal, como si fuera un gran río, para impedir que por él se desplazara la ola verde, y dispersarla por calles secundarias para que perdiera fuerza. A la policía y a las milicias les costaba un gran trabajo alcanzar una presencia dominante en la avenida, en tanto que las vías y callejones aledaños eran territorio rebelde.

El recorrido de la manifestación era el mismo de la megamarcha del lunes 15, entre las plazas Enguelab («Revolución») y Azadí («Libertad»). Pero aquélla fue una fiesta. Ésta era una batalla. Extenuante, dolorosa, a lo largo de cuatro kilómetros interminables por la avenida Enguelab.

El gobierno trató de desalentar la participación: hizo correr el rumor de que la marcha había sido cancelada, el jefe de la policía advirtió que lanzaría a sus fuerzas y, en puntos visibles de la ciudad, desplegó a basiyíes mal disfrazados de soldados, con uniformes de camuflaje incompletos, escudos, cascos y porras de segunda mano.

Cualquiera que quisiera aproximarse sabía que no iba a salir indemne. Sin duda, el esfuerzo tuvo efecto y desanimó a miles. Pero muchos acudieron. No sólo estudiantes. También madres, padres, ancianos, trabajadores, profesionistas, empleados.

—Vine con mis amigas —me dijo Golalem, una chica con bolso Gucci, gafas oscuras Ray Ban sobre el pañuelo multicolor del cabello y mechas rubias. Como si se tratara de una salida al café.

La convocatoria estaba fijada para las cuatro de la tarde. Llegué poco antes de esa hora y me dirigí a la Universidad de Teherán, que se encuentra a unos trescientos metros, para ver cómo se organizaban los estudiantes. Estaban encerrados. Una doble fila de antidisturbios y otra de basiyíes bloqueaba el acceso principal. A través de las rejas, los jóvenes sacaban carteles escritos a mano en los que denunciaban la «dictadura» de Ajmadineyad y la «traición al pueblo» de Jameneí. Varios policías les daban porrazos en las manos para que se alejaran.

Las personas que pasaban por la calle saludaban con los dedos en V. Los de adentro respondían con gritos de «¡Alá-ju-ákbar!».

Regresé a la plaza y empecé el recorrido por la avenida Enguelab caminando sobre la acera, disimulando, como si fuera un simple peatón de paseo. El problema era que cientos de personas habían tenido la misma idea, pronto serían miles, y siempre rumbo a Azadí, hacia Libertad. Habíamos avanzado unos cien metros cuando escuché gritos y disparos detrás de mí: un grupo de antidisturbios motorizados embestía a la multitud, que se revolvía y estrellaba contra una valla de protección. La salté. Y corrí entre los coches atascados porque, como es norma, nadie había dado la orden de cortar el tráfico y cientos de vehículos estaban atrapados. Muchos más hicieron lo que yo y los policías se quedaron persiguiendo a pocos, del lado equivocado.

Ésa era una de las principales debilidades de la estrategia represiva: cuatro vallas de un metro y medio de altura dividen la avenida Enguelab en tres flujos de circulación (uno de ellos, el central, para anchos autobuses articulados) y separan las aceras. Para un manifestante es mucho más fácil cruzarlas que para un agente con movimientos limitados por el equipo antidisturbios que acarrea. Además estaban los coches: para los conductores era un infierno terrorífico porque por sus ventanillas y parabrisas entraban lo mismo piedras que las porras de los policías frustrados. Quienes teníamos que escapar, en cambio, los encontrábamos idóneos para escurrirnos ágilmente y dejar atrás a los perseguidores con su torpeza.

Culpar a Ajmadineyad por los terribles hábitos de conducción de los iraníes es, como dije en la introducción, injusto. Pero su doctorado en dirección del tráfico bien podría servirle para descubrir las ventajas de interrumpir la circulación en situaciones como ésta. Si no le importa aliviar el caos vial, por lo menos le interesaría facilitar las tareas represivas.

Pronto me di cuenta de que la importancia de alejarse de policías y basiyíes no era sólo para evitar que me atraparan. Ante sus ataques, la gente se dispersaba del otro lado de las vallas y empezaba a arrojar piedras contra los guardias que con frecuencia golpeaban el objetivo equivocado. Los iraníes pueden tener un inmenso valor, pero en general la puntería no es una de sus habilidades destacadas, y estar a diez o quince metros de un grupo de agentes era convertirse en diana. El antidisturbios que me veía huir despavorido cometía un error si pensaba que era principalmente por temor a él.

La marcha se dispersó en decenas de grupos, grandes y pequeños, que avanzaban cada cual a su ritmo y por donde pudiera hacerlo. Serían unos diez mil manifestantes, a quienes trataba de detener un número similar de elementos del «orden». Era evidentemente desigual, pero la superioridad física de los represores se desperdiciaba con una pésima organización. Era una pena mirar cómo corrían de un lado a otro, confundidos por la capacidad de los grupos de manifestantes de disolverse en un sitio y reintegrarse velozmente en otro lado, fuera de su alcance. Y la fuerza bruta enfrentaba, además, tenacidad, determinación e ingenio.

En los puentes peatonales, dotados de techo y rejillas, decenas de iraníes observaban la protesta, hacían fotografías, saludaban a los manifestantes y coreaban eslóganes. «¡Muera el dictador, muera el dictador!» Desde uno de ellos, alguien tuvo la mala idea de arrojar piedras. Y el jefe de un grupo de antidisturbios envió a sus hombres al ataque para desalojarlos. Por las únicas dos escaleras de acceso: en lugar de subir por una de ellas para empujar a la gente hacia la otra, bloquearon cualquier ruta de escape. Era dramático: los que estábamos en la calle contemplábamos impotentes cómo treinta o cuarenta personas se apretaban desesperadas en el centro del puente, mientras a quienes estaban en los extremos los golpeaban incesantemente con porras. En su afán por alejarse, se subían encima de los que estaban detrás. Parecía una escena sacada del infierno del Bosco. Junto a mí, una madre con sus dos hijas (había muchas así) gritaba y gritaba de terror.

Un miliciano se acercó. Y la mujer se le echó encima, con las dos muchachas detrás. No puedo imaginar cuántos terribles insultos recibió el hombre en unos pocos segundos. Levantaba la porra como para atizarlas, la bajaba, otra vez arriba, y abajo, conteniéndose. Hasta que la madre halló la forma de meter una mano por debajo de la visera del basiyí y lo empezó a abofetear. El tipo alzó la porra, ahora sí dispuesto a hacerlas pedazos.

Entonces alguien más gritó, con voz poderosa. Era un oficial de policía que había llegado en una moto.

—¡A las mujeres no! —ordenó.

No es una norma del régimen respetar a nadie, pero esta vez

funcionó. El basiyí gruñó de frustración, se dio la vuelta y se fue. Con mirada benigna de salvador, el agente dedicó una media sonrisa a las mujeres. ¡Que se le echaron encima también! Ahora las maldiciones las escuchaba él, en tono muy alto. Yo no pude contener la risa al ver la expresión de incredulidad en su rostro. Y la madre, que ya le había agarrado gusto al truco, volvió a meter la mano por debajo de la visera y lo abofeteó. No recuerdo haber escuchado un aullido de indignación más sonoro.

—¡Aaaaaaaaaaah! — profirió el gendarme. Arrancó a todo gas y desapareció en un rugido. Las quince o veinte personas que estábamos alrededor aplaudimos entre carcajadas.

La mayor parte del armamento que pude ver no era letal. Pero algunos policías llevaban pistolas en la cintura. En un momento de tensión en la avenida, cuando una decena de antidisturbios huía de un contraataque verde, un oficial que se encontraba fuera de peligro, a unos cincuenta metros de la multitud y a sólo cinco de donde yo estaba, desenfundó su arma y apuntó contra la gente. Sólo era una amenaza. Pero el dedo jugaba sobre el gatillo.

Avancé dos kilómetros, la mitad de la distancia, en un par de horas duras. Faltaba lo más difícil. Hasta ese momento, mi táctica para evitar ser golpeado, arrestado o identificado como extranjero (y por lo tanto, como periodista) había funcionado bien: mantener los ojos muy abiertos, moverme tanto como me fuera posible, caminar camuflándome entre los grupos de manifestantes pero separarme de ellos y saltar las vallas a la primera señal de que venía un ataque, y no hablar con nadie. Esto era lo más difícil: los iraníes son sumamente dicharacheros. Le dicen cosas, le hacen preguntas y le piden la opinión a cualquiera que esté al lado. Las muchachas se acercan con sus bellos rostros a hacer comentarios. No me agrada hacerlo, pero aquí mi única opción era poner cara de gruñón y negarme a hablar.

El número de opositores había disminuido. Muchos hombres olvidaban que el objetivo estaba mucho más adelante y se distraían en las escaramuzas.

—¡Azadí, Azadí! —gritaban las mujeres.

No en nombre de la libertad, sino para recordarles que había que llegar a la plaza, que no perdieran el tiempo.

Cada vez costaba más trabajo. Los que protestaban ya mostraban las marcas del combate: sus rostros estaban enrojecidos por el gas lacrimógeno, tenían heridas, contusiones, sangre. Algunos caminaban cojeando y se apoyaban en sus compañeros. Y como su número iban disminuyendo, parecía más fácil echarlos de la avenida.

Atacaron el contingente donde yo venía y lo forzaron a desviarse por una calle pequeña. Pude escapar a salto de valla. Me detuve en un punto con buena visibilidad, solo. Vi que la represión estaba teniendo éxito, al fin. Los antidisturbios en motocicleta dispersaron un grupo allá. Otro estaba rodeado y arrestaban a sus integrantes. Los basiyíes gritaban de júbilo porque habían hecho retroceder a unos más, a la izquierda. Y a la derecha habían bloqueado un callejón.

La avenida se quedó vacía de opositores. Pensé que, finalmente,

Ajmadineyad y Jameneí se irían esa noche a la cama contentos por haber impedido que el pueblo pasara de Revolución a Libertad. No merecían esta victoria.

—¡Aláaa-ju-ákbar! —escuché a mis espaldas—. ¡Aláaa-ju-ákbar!

Un gran contingente que había avanzado por vías paralelas entraba a la avenida por una calle que no había visto. Eran cientos. Venían con las manos en alto y los dedos en V. Con telas verdes, carteles de Musaví, paños negros de luto. Dos muchachas estaban muertas de la risa por alguna razón. Todos sonreían. Por supuesto, había una madre con su par de hijas, no podían faltar. Cuando me di cuenta, mis ojos estaban llenos de lágrimas. Y mi alma, de admiración.

La mayor parte de la lucha, sin embargo, se daba ya en las calles aledañas. A este grupo, como a los demás, lograron echarlo más adelante, y después buscaría la forma de retornar a la avenida.

Para mí fue ya también imposible mantenerme en la vía principal. En cierto momento, tres policías se plantaron a unos metros de mí, gritaron algo e hicieron ademán de querer sujetarme. Escapé por una pequeña calle y, sin darme cuenta, me metí entre un pelotón de basiyíes. Por suerte, no me vieron: estaban envueltos en un juego de avanzar y retroceder, enfrentados por un gran grupo de manifestantes, hacia los que corrí en ese mismo instante y de manera poco prudente: a mi alrededor, muy cerca, llovían las piedras. Yo me movía tratando de protegerme la cara con las manos, al menos. Ya casi había llegado a ellos cuando sentí un impacto en la pantorrilla derecha, por atrás, que me hizo caer. Dejó una mancha verde y un líquido de ese color que se escurría. ¿Una bala de goma? ¿Un bote de gas?

No lo supe. En ese momento entré en una nube tóxica. El nombre del gas lacrimógeno, tan mejorado el día de hoy por dedicados científicos a los que les envío mis más calurosos saludos, no hace justicia a sus efectos. Está muy perfeccionado: no sólo te hace llorar, la cosa te arde en la piel, sobre todo donde hay sudor, se te mete en el cuerpo y te quema en la garganta, muy adentro en la nariz y en los ojos. Lo peor es que te provoca náuseas intensas y quieres vomitar, pero no puedes, tienes que correr, escapar de quien venga detrás de ti a golpearte, a pesar de las convulsiones que te detienen para echar fuera algo que no existe.

Una columna de antidisturbios motorizados llegó a reforzar a los basiyíes. Nos hicieron correr. Mi gran intuición me metió en un callejón sin salida. Como no podía regresar, seguí hasta el fondo junto a decenas de iraníes con los mismos talentos. Los milicianos tomaron el acceso y nos gasearon. Creí que nos iban a dar una paliza y, probablemente, a arrestar. Me vi desaparecido por semanas en las entrañas de la policía secreta del régimen islámico, para reaparecer de pie frente a un tribunal, acusado de espiar para el enemigo sionista. No contaba con el heroísmo de las muñequitas lloronas que encabezaron el contraataque y nos llevaron de vuelta a la avenida.

De donde, por supuesto, nos echaron más adelante. Hubo otra escaramuza con milicianos. Desde detrás de sus filas, alguien pasó velozmente en una motocicleta. Era uno de los verdes: se había colado entre los basiyíes, desmontado a uno de ellos de un golpe, cruzado sus líneas y cabalgado en el vehículo hasta zona libre, donde lo recibieron entre aplausos. Arrojó la moto al suelo, abrió el depósito de combustible y en un instante la gente bailaba alrededor de una gran hoguera.

Cayeron más botes de gas, y con ellos vino otra ofensiva de los milicianos, indignados por la humillación. Yo ya no podía ver, corría un poco sin rumbo, y de pronto no supe qué ocurrió: me descubrí en el suelo, al lado de una alcantarilla a cielo abierto a la que por suerte no caí. ¿Qué me pasó? Supongo que recibí un golpe indirecto de parte de los antidisturbios en moto. Pero ni siquiera los oí venir.

Una muchacha con un pañuelo multicolor en la cabeza me ayudó a levantarme y, tomándome de la mano, me hizo correr con ella. La chica lloraba, como todos. No me soltó hasta que llegamos a un pequeño parque, donde había una fuente, a unos doscientos metros. Decenas de personas se lavaban la cara, intoxicadas. Un hombre de unos sesenta años se acercó a mí y me sopló humo de tabaco en los ojos. Otras personas recibían a más desconocidos para atenderlos de la misma forma, porque eso alivia el dolor, dijo el que me ayudaba a mí. No quiso darme su nombre, pero entendí que fue ministro o viceministro de desarrollo agrícola del gobierno iraní en los años noventa.

—Esta gente [Ajmadineyad y Jameneí] nos va a obligar a destruirlo todo —me dijo—. Uno no va a la revolución porque quiere. Sólo cuando no le dejan otra alternativa.

La chica que me ayudó había encontrado a sus amigas, que había perdido un rato antes y que también se recuperaban del gas. Todas usaban accesorios caros. Golalem, como se llamaba la primera, era una morena de ojos verdes y pestañas rizadas. A pesar del llanto, ya estaban todas riendo. Como sus ropas estaban muy descompuestas, comenzaron a arreglarse unas a otras. Golalem me pidió ayuda.

—Ven conmigo.

Me llevó hacia un sitio un poco escondido entre árboles, sobre el césped. Me dio el pañuelo de colores, agitó la cabellera con mechas rubias y se abrió la parte de arriba de la chaqueta de color negro. Abajo llevaba una blusa rosa. Que también desabotonó por delante. Pude ver las copas del sujetador. Se lo acomodó. Yo estaba atónito. No sólo porque era más piel femenina que toda la que había visto desde que recorría el Asia islámica. Ni porque era la primera vez que miraba a una mujer con el cabello suelto en un espacio público. También por la naturalidad con que lo hacía. Como si yo fuera su hermano.

Se cerró las prendas de nuevo, se colocó el pañuelo y me sonrió.

—¡Vamos!

Nos sentamos con su grupo y ellas preguntaron en excelente inglés de dónde era yo.

—¡México! —dijo Golalem—. Entonces ya estás acostumbrado a estas cosas.

—¿A qué?

—México tuvo un grave conflicto electoral en 2006, ¿no estabas allí? —Esta chica era toda sorpresas—. Calderón. López Obrador —añadió.

Yo estaba conversando con cuatro muchachas que invertían su presupuesto en marcas de moda. Que salían a la calle a enfrentarse a la policía, lloraban por el gas lacrimógeno y después se ponían a reír. Y que estaban al tanto de la situación política de un lejano país como el mío. Tenían alrededor de veintitrés años y acababan de terminar la carrera en literatura europea.

No había mucho tiempo para charlar. En cuanto se sintieron mejor, nos levantamos para regresar al combate. Aunque me caían muy bien, tenía que alejarme de ellas: pondrían en evidencia mi condición de extranjero. Pudimos llegar a la avenida sin problemas, los enfrentamientos se producían en otro lado. Nos topamos con un grupo de basiyíes, de quienes las chicas se empezaron a burlar en voz muy alta, a carcajadas, para que ellos pudieran escucharlas. Porque, tirados en la acera, los tipos lloraban y lloraban, entre espasmos, víctimas de sus propios gases lacrimógenos.

—Debo irme —le dije a Golalem—. Te doy las gracias y te deseo lo mejor.

Ella me hizo un guiño, se puso un beso en el dedo índice y me lo colocó en la boca.

—Me gustas —dijo.

Y se fueron rumbo a la plaza Libertad, coreando «¡Muera el dictador! ¡Muera el dictador!».

Un basiyí solitario vigilaba una calle para impedir que la gente regresara a la avenida. Yo estaba a una decena de metros de él, y un grupo de verdes se acercaba. El tipo los esperaba con la porra en alto y una gran sonrisa. Uno de los manifestantes, de unos cuarenta años, le devolvió el gesto. El miliciano agitaba la porra mientras le hablaba en tono amistoso al opositor, con la idea de persuadirlo de que se detuviera. El otro no se detuvo e hizo un ademán con la mano, como quien dice: «Sé que no nos vas a golpear». El basiyí movió el brazo para darle credibilidad a su desplante, pero con tan poca energía que a su contrario le resultó fácil sujetárselo. Los dos hombres rieron. Y la marcha continuó.

Las calles paralelas a Enguelab estaban llenas de manifestantes que arrastraban contenedores de basura para quemarlos. Ahí no entraba la policía. Los dueños de las tiendas regalaban botellas de agua. Damas en chador corrían de un lado para otro con cigarros encendidos, en busca de gaseados a los cuales echarles humo en los ojos. Grupos de jóvenes planeaban cómo retornar a la avenida. Hombres y mujeres de mayor edad, que tal vez participaron en la revolución de 1978-1979, los proveían con el consejo de la experiencia. En la pared lateral de un edificio, un gran mosaico con los rostros de Jomeiní y Jameneí era el blanco de muchos paseantes airados que les arrojaban piedras. Unos niños las recogían y se las entregaban a un clérigo de turbante, quien a su vez las ofrecía a los que pasaban. Toda la comunidad estaba en resistencia.

Yo ya estaba agotado, sin embargo. Habían pasado ya cuatro horas de batalla y todavía estaba a un kilómetro del destino. Me fui caminando por calles estrechas, crucé dos anchas avenidas y por esta última, veinte minutos más tarde, regresé a Enguelab. Y ahí estaba, la plaza Libertad. Enorme. En el centro, el monumento moderno más hermoso de todo Teherán, una torre que semeja dos antebrazos cuyas manos unen las palmas a cincuenta metros de altura. La ordenó construir el sha, en 1971.

Entre la plaza y yo se encontraba el último cinturón de seguridad: los verdes se habían manifestado y además humillado a las fuerzas de seguridad, que nunca pudieron someterlos, pero a Libertad, no, ahí no llegarían, por decisión del presidente. Eso sería equivalente a una derrota total en la batalla del día. Cientos de antidisturbios y basiyíes estaban congregados ya ahí, y otros pelotones se acercaban. El sitio es gigantesco, no obstante, con una circunferencia que estimo en unos dos mil metros, y pude cruzar por unos montículos ajardinados en los que no había vigilancia. Otras personas habían entrado ya al perímetro asegurado, y nuestro problema ahora era cómo evitar que nos arrestaran.

Me acerqué a un pequeño grupo que descansaba entre los árboles. De inmediato vinieron los milicianos a echarnos a gritos. Tironearon a algunos, persiguieron a otros, los demás nos alejábamos. Una mujer insultaba a uno de los tipos mientras caminaba. Éste amenazaba con atacarla, pero no lo hacía. Cuando pasé frente a una columna de antidisturbios, dos de los oficiales me señalaron con el dedo. Yo miré hacia el frente y apresuré el paso. Llegué hasta la base de la Torre Libertad, el monumento de la plaza. Y a mí no se me ocurrió nada mejor que hacerme pasar por el turista más idiota de la historia. Hice fotos como si no supiera en qué situación nos encontrábamos, buscaba ángulos del monumento, me extasiaba con sus líneas. En mis imágenes quedaban registradas también las columnas de humo que se elevaban detrás de la torre. Una de ellas era muy grande, de unos trescientos metros de altura. Hasta que otras personas empezaron a acercarse para decirme que, por favor, guardara la cámara, pues iba a crear problemas.

Las fuerzas de seguridad estaban concentradas en los límites de la explanada. Basiyíes en dúos o tríos vagaban por aquí y por allá espantando al personal, pero la gente sólo se alejaba de ellos sin marcharse. Los contingentes tardaban en llegar. Por fin escuché su clamor y sus protestas, cinco horas después de haber iniciado la manifestación. Los que venían por la avenida Enguelab se toparon con los antidisturbios en motocicleta y varias filas apretadas de policías. No iban a pasar.

Otros grupos rodearon la plaza para acercarse por el norte, por donde está el cuartel del Basij donde cinco días antes habían asesinado a tiros a entre cinco y siete personas. Cada uno de ellos fue rechazado y dispersado por los milicianos. Unos consiguieron avanzar por una avenida lateral hasta el acceso oeste (venían del este), pero cuando llegaron allí eran muy pocos. La ola verde se había impuesto sobre la policía y los basiyíes para avanzar tres mil ochocientos metros desde la Plaza Revolución. Pero en el camino había perdido mucha agua. Sus últimos chorros fueron insuficientes ante el cinturón impermeable que dispuso el gobierno. Les faltaron sólo doscientos metros para llegar a Libertad.

A las 10 de la noche, era claro que las pocas gotitas de agua verde que habían entrado en la plaza tenían que filtrarse o serían evaporadas. Yo lo hice también. Después de salir por uno de los montículos ajardinados, caminé hacia el norte, en busca de una estación de metro que, creí erróneamente, estaba a un lado de la terminal de autobuses del oeste. La policía tenía a grupos de muchachos en el suelo, arrestados. Varios antidisturbios golpeaban a dos de ellos, que habían dejado de defenderse y sólo lloraban ante cada patada y cada garrotazo. Esa avenida estaba infestada de grupos de basiyíes que celebraban con cantos religiosos y otro cuyo coro era el apellido de su líder, «Ajmadineyad». Caminé otro par de kilómetros hasta que por fin encontré el metro. Estaba exhausto. La gente iba a casa después de trabajar todo el día. Me preguntaba si sabían que otros estaban allá afuera, dando la lucha por todos.

EXTRA: JOHANNESBURGO:
EL CLANDESTINO DEL WIMPY'S

Fragmento de "Asante, África. Crónica de un encuentro con los pueblos de Sudáfrica, Suazilandia, Tanzania y Kenia", de Témoris Grecko. Disponible en impreso en librerías en línea y próximamente, en versión electrónica. Infórmate en temoris.org

Había dejado todo para el último momento y, al cabo de dos meses de estancia en Sudáfrica, se me amontonaban las cosas pendientes. Entre otras cosas, tenía cita con un profesor universitario y de nuevo con Henk, el afrikáner de Centurion. Pero tuve que abrir un paréntesis inesperado. Entró una llamada a mi celular, realizada desde un teléfono público. El hombre hablaba en inglés con un marcado acento afrikáner, aunque trataba de enrarecer la voz. No se identificó ni quiso dar explicaciones, pero insistió en que a mí me interesaba hablar con él y que me daba la oportunidad. El asunto pintaba tan Superagente 86 que supuse que me citaría en un callejón oscuro y distante. En cambio me preguntó dónde me alojaba y escogió Campus Square, el centro comercial mas cercano a mi pensión de Melville. Y para alcanzar el clímax del misterio, propuso la hamburguesería Wimpy's, una cadena equivalente a McDonald's.

Acudí a la cita con una mochila negra y una banderita de México, para que me reconociera. No llegó un payaso en zancos a dejarme un mensaje en clave que se autodestruiría en tres minutos, ni encontré una contraseña en un chicle masticado bajo el asiento. Apareció el hombre en persona. Con evidente incomodidad llevaba abrigo, gafas de sol y una gorra. No tardó más de 20 minutos en quitarse el disfraz. Era rubio, alto y llevaba la barba recortada. Tenía entre 35 y 40 años y definitivamente no aparentaba ser un maniático asesino. Un tanto tosco en los modales y rudimentario en la expresión, se trataba de un hombre abierto y afable, que examinaba sin discreción a las mujeres (incluidas las negras), hacía chistes y se reía a carcajadas, mirándome siempre a los ojos para compartir la gracia. Le ofrecí invitarle una hamburguesa, pero replicó extendiendo hacia mí una bolsa de *biltong*, la deliciosa carne seca y especiada típica de los afrikáners.

Quería que me explicara cómo había sabido de mí, quién le había facilitado mis datos pero en voz baja que pronto alcanzaría un volumen normal, prefirió hablarme sobre los hermanos Du Toit, los líderes del *Boeremag* ('fuerza bóer') un comando terrorista, a quienes dijo conocer de cerca: «No son racistas. Obedecen el mandato de Dios. Como yo. Dios me ha dicho que tenemos que llevar a Su *Volk* ('pueblo') de vuelta a Él» He discutido con Él y le he dicho que el precio podría ser muy alto, pero Él persiste en enviarnos señales claras y debemos obedecer Su Voluntad».

Me estaba empezando a parecer broma. La mitología afrikáner, no obstante, tiene una enorme carga mística y la inspiración de mi agente clandestino parecía auténtica. «No quiero aplastar a los negros. Creo que pueden tener lo mismo que tengo yo. Sólo pienso que Dios no nos hizo para vivir juntos, mezclados. Ellos tienen derecho a vivir en independencia, nosotros también. Por eso quiero que se vayan a su país».

Los *boeremag* creen en el profeta bóer Siener van Rensburg, que un siglo atrás tuvo la visión de un ataúd de cristal ante el cual miles de personas lloraban durante siete días. Llegaban de todo el mundo, nadie iba a trabajar. La guerra vendría a continuación de la muerte de un gran jefe negro que, en la octava jornada, era enterrado y de cuya tumba salía un fuego inextinguible que caía sobre Johannesburgo. Treinta mil blancos morían esa noche. La respuesta era imparable y Sudáfrica, reconquistada por aquellos a quienes Dios la prometió. Los *boeremag* pensaban que el gran jefe negro no podía ser otro que Mandela y, para que se cumpliera la profecía, decidieron darle un empujoncito. Planearon asesinarlo el 11 de octubre de 2002, cuando el ya expresidente debía inaugurar una escuela. Colocaron explosivos en el camino, pero a última hora Mandela optó por viajar en helicóptero.

Cambiaron entonces la estrategia, pues siempre cabía la posibilidad de un error de interpretación y lo importante del augurio no eran los preliminares, sino la guerra civil y la Victoria. El 30 de octubre, ocho bombas estallaron en Soweto. Una mujer murió. El objetivo era destruir el sistema de transporte y disgustar a la población negra para que invadiera la ciudad y ejecutara una «noche de

Johannesburgo» (en 1572, el rey católico de Francia ordenó una masacre que acabó con las vidas de 30.000 protestantes, en lo que se conoce como «La noche de San Bartolomé»; muchos de los que se salvaron emigraron a África y son ancestros de los afrikáners).

Esto sería la señal de la insurrección para el *Boerevolk*, el pueblo bóer, que se levantaría como un solo hombre. A partir de ese momento, la estrategia sería sencilla: echar a los negros de Sudáfrica disparándoles desde la retaguardia, mientras les dejaban agua y comida cada 60 kilómetros en las carreteras rumbo a Zimbabwe. El razonamiento era que, como ratas, pronto los negros descubrirían el cebo y seguirían marchando hacia la frontera, de vez en cuando azuzados por los tiros de los blancos.

El *Boeremag* y otros grupos afrikáners de ultraderecha prefieren seguir utilizando la palabra bóer para identificarse con las luchas del pasado. Aunque la mayoría desaprueba sus métodos, muchos suscriben su discurso. Corné Mulder, por ejemplo, es la cara contemporánea del conservadurismo afrikáner. Siempre con la precaución de anteponer la palabra «mi hermano» al referirse a los no blancos, su discurso tiene el mismo sustrato que el del personaje del Wimpy's: «Queremos convivir con mis hermanos negros. Pero pensamos que somos diferentes y se nos debería reconocer la autonomía». Una autonomía cuyo espacio territorial y límites políticos no quiso precisar cuando pregunté. Afirmó que el gobierno blanco del pasado, desaparecido en 1994 con la llegada de la democracia, tuvo la «generosidad» de darles «autonomía» a los pueblos negros. Así justificó el *apartheid*: «Se han dicho muchas mentiras en torno a esa cuestión. A diferencia de los ingleses, desde un principio los líderes afrikaners se dieron cuenta de que no era posible dominar para siempre a la mayoría negra. Por eso facilitaron la creación de estados negros independientes, para que cada quien viviera a su manera. Eso fue el *apartheid*». (En realidad, la «independencia» de esos «estados negros» títeres fue declarada unilateralmente por Sudáfrica, pero no la reconocieron otras naciones ni la ONU; el objetivo de crear lo que se conoció como «bantustanes» era forzar a todos los negros a ser sus «ciudadanos» y convertirlos así en trabajadores extranjeros en Sudáfrica, lo que justificaría someterlos a controles especiales y discriminación).

Descendientes de fanáticos religiosos, los bóers fueron una tribu de campesinos fundamentalistas que idealizaban la vida en soledad, dedicada a la tierra y la lectura de la Biblia. La imagen decimonónica del bóer bajo un sol en llamas, acompañado por su mujer, sus hijos y su caballo, con la Biblia en un bolsillo del pantalón y en el otro el fusil, desafiando a poderes mayores que él bajo un sol en llamas, se ha seguido cultivando en la nostalgia. La justificación del terrorismo bóer se halla en ese mito romántico, en el pacto con Dios y en las interminables luchas de aquellos colonos. Desde un café internet de Sandton, en Johannesburgo, los terroristas reivindicaron en su momento los bombazos de Soweto en estos términos: «El *Boeremag* declara reconocer todo el honor al Padre Celestial. El enemigo debería saber que no está retando el orden terrestre del *Boerevolk* (pueblo bóer), sino el del Dios de Blood River. Declaramos el fin de la opresión sobre el *Boerevolk* y damos todo el respeto y el honor a Dios. Debido a nuestra aversión a la política de partidos y a la farsa llamada democracia africana, nos presentamos como guerreros de nuestro Padre Celestial y del *Boerevolk*». En otro texto afirmaban: «No esperamos reconocimiento en esta tierra. Recibiremos nuestra recompensa tras la muerte».

Su convencimiento de que Dios les dio estas tierras es tal que se sienten obligados a pelear por ellas, como si no hacerlo fuese deshonrar su pacto divino. Wet Kritzinger, un hombre que en el aniversario de su boda salió a la calle a disparar, mató a siete personas e hirió a 16, declaró a la periodista Pearlie Joubert, del Instituto para la Justicia y la Reconciliación: «Ya no podemos decir que Sudáfrica sea un país de hombres blancos, porque nuestro Padre nos dio esta tierra, nosotros no lo supimos valorar y se la dimos a los negros. Ellos no nos la quitaron en una guerra o mediante la violencia, sino con la boleta electoral. No hemos obedecido Sus leyes y vivimos vidas pecaminosas, sin Dios. Nos oprimen naciones viles, pero en realidad es nuestro Padre quien nos castiga».

Por fortuna, los terroristas son dramáticamente torpes. Dos ejemplos: en septiembre de 2002, un mes antes de los bombazos de Soweto, los *Boeremag* convocaron una gran reunión insurreccional mediante cartas enviadas por correo ordinario. Muchas personas negras con apellidos afrikáners las recibieron: los organizadores hicieron su lista «secreta» de simpatizantes a partir de las páginas blancas del directorio telefónico e incluyeron a todo el que, por su nombre, les pareció parte del *Boerevolk*. Esperaban congregar un ejército de 4.000 fieros bóers, pero sólo se reunieron 22. Fue esta debilidad lo que los llevó a reinterpretar las centenarias profecías de Van Rensburg y tratar de acelerar su cumplimiento mediante el terrorismo. Así lanzaron su primer intento de ataque, que fracasó porque al coordinador se le olvidó cómo llegar al punto convenido y sus acompañantes, muchachos de provincias, no tenían idea de cómo moverse en la red de autopistas de Johannesburgo: se perdieron durante siete horas.

«No estoy seguro de que la vía armada vaya a tener éxito», admitió mi interlocutor del Wimpy's después de que comentáramos algunas anécdotas como ésta. «Tampoco tengo duda de que encontraremos el camino. Dios está molesto con nosotros, pero Él quiere estar seguro de que merecemos la tierra que nos prometió. Por eso, si Él lo pide, convocaremos al *Boerevolk* y daremos otro golpe. No importa si fracasamos, si morimos o vamos a la cárcel: Él sabrá que ahora sí estamos cumpliendo con nuestra parte. Y tendremos nuestro *Volkstaat* (país del pueblo)».

www.ingramcontent.com/pod-product-compliance
Lightning Source LLC
Chambersburg PA
CBHW020513290526
45786CB00002B/579